Die Holländer pauschal Kaum etwas verbindet die Menschen mehr als die Bestätigung insgeheim gepflegter Vorurteile.

Vierzig Prozent des holländischen Territoriums liegen unter dem Meeresspiegel. Daher ist es kein Wunder, daß in Holland gurgelnde Geräusche allgegenwärtig sind, nicht nur beim Marsch durch die Marsch, sondern auch in der Aussprache und auf Ballettbühnen.

Die Holländer sind bekannt als gesellig und tolerant, aber damit werden in diesem Land nicht allein menschliche Eigenschaften bezeichnet, sondern ein ganzes gesellschaftliches System. Ansonsten sind die Holländer das, was wir von ihnen erwarten: Fahrradfahrer, Caravantouristen, Tomatenzüchter, Schnittblumenverkäufer, Zeitungsleser und geradezu gierige Kaffeetrinker.

In dieser Serie: ›Die Amerikaner pauschal‹ (Bd. 13391), ›Die Australier pauschal‹ (Bd. 13491), ›Die Deutschen pauschal‹ (Bd. 13394), ›Die Engländer pauschal‹ (Bd. 13493), ›Die Franzosen pauschal‹ (Bd. 13393), ›Die Italiener pauschal‹ (Bd. 13395), ›Die Österreicher pauschal‹ (Bd. 13392), ›Die Schweizer pauschal‹ (Bd. 13492) und ›Die Spanier pauschal‹ (Bd. 13396).

Rodney Bolt wurde in Afrika geboren, hat einen irischen Paß, einen britischen Führerschein und eine holländische Aufenthaltserlaubnis. Er arbeitete als Theaterdirektor, Englischlehrer und Journalist und lebte in Griechenland, England und Deutschland.

Die Holländer pauschal

Von Rodney Bolt
Aus dem Englischen von Oliver Koch

Fischer Taschenbuch Verlag

Redaktion: Stefan Zeidenitz

Deutsche Erstausgabe
Veröffentlicht im Fischer Taschenbuch Verlag GmbH,
Frankfurt am Main, September 1997

Die englische Originalausgabe erschien unter dem Titel
›The Xenophobe's Guide to The Dutch‹
bei Ravette Books Ltd., Horsham
© Oval Projects Ltd., London 1995
Für die deutschsprachige Ausgabe:
© Fischer Taschenbuch Verlag GmbH, Frankfurt am Main 1997
Kartographie: Räppi
Druck und Bindung: Clausen & Bosse, Leck
Printed in Germany
ISBN 3-596-13494-3

Gedruckt auf chlor- und säurefreiem Papier

Inhalt

Fremd ist der Fremde nur in der Fremde

Karl Valentin

unter Meeresspiegel

Amsterdam

Holländer

Deutschen

Die Belgier

Die

Die holländische Bevölkerung beträgt 15 Millionen Menschen (verglichen mit 5 Millionen Dänen, 10 Millionen Belgiern, 48 Millionen Engländern, 57 Millionen Franzosen und 80 Millionen Deutschen). Die Niederlande sind etwas größer als Baden-Württemberg, aber etwas kleiner als Niedersachsen. In Spanien würden sie zwölf mal hineinpassen.

Nationalität & Identität

Vorwarnung

Das Holländische an den Holländern ist untrennbar mit der holländischen Landschaft verbunden. Holland ist so flach, daß sich sogar die schwarz-weiß gefleckten Kühe als beachtliche Silhouetten vom Horizont abheben. So ist es ganz natürlich, daß die Holländer an einen weiten Himmel über sich und sehr viel Licht gewöhnt sind. Offenheit, Freiheit und ungetrübte Weitsicht sind grundlegende Züge des holländischen Nationalcharakters. Es gibt wohl nur sehr wenige Holländer, die in einem Wald leben und sich dort wohl fühlen könnten.

Einer der bekanntesten Romanciers der Niederlande hatte einmal den Einfall, seinen Eltern anläßlich ihres fünfzigsten Hochzeitstages ihre erste Reise in die Schweiz zu schenken. Zu seiner Überraschung kehrten die Eltern bereits nach einem oder zwei Tagen zurück. Die Mutter zeigte sich bitter enttäuscht. Von ihrem Hotel aus habe sie keine Aussicht gehabt, überall ständen Berge im Weg.

Die holländische Landschaft zeigt sich dem Betrachter als lieblich, aber ohne besondere Reize. Abwechslungen in der Landschaft – hier ist besonders an Bäume zu denken – folgen einer strengen Ordnung. Das Wasser, eine ständige Bedrohung, das gesamte Land zu überfluten, wird hübsch ordentlich in ebenso ordentliche Kanäle geleitet. Kontrolle und geregeltes Leben gelten den Holländern ebenfalls als besonders wichtige Verhaltensprinzipien. Nicht umsonst warnt der Volksmund hierzulande: »Hohe Bäume sind dem Wind besonders stark ausgesetzt«. Die Holländer beschreiben Exzesse jeglicher Art als *overfloed*, als Überschwemmung, gerade so als ob die Nordsee die Deiche überflutet hätte – eine Katastrophe. Extravagante Menschen werfen in Holland ihr Geld auch nicht mit vollen Händen zum Fenster hinaus, sie »verschütten« es.

Holland ist hell, aber nicht heiter – eine Welt der verschiedensten Grün-, Grau- und Brauntöne. Diese Farbskala der Natur wiederholt sich in den Städten. Die Gebäude sind hauptsächlich aus braunen Ziegeln errichtet, und in vielen Gegenden schreiben die Bauverordnungen vor, daß alle Anwohner ihre Haustüren in dem gleichen Grünton anstreichen müssen. Als van Gogh seine Heimat verließ, um sich in den helleren, abwechslungsreicheren Gegenden in Südfrankreich niederzulassen, gab er es auf, in den wohlbekannten saucenbraunen Tönen wie bei dem Bild »Die Kartoffelesser« zu malen, wählte statt dessen geschmacklose Farben und wurde schließlich verrückt.

Wie sie sich selbst sehen

Wohlaufgehoben in der Bequemlichkeit ihrer makellos sauberen Wohnstuben sind die Holländer der Meinung, daß sie das reinlichste Volk auf der Erde sind. Sie sind sparsam, haben ein sicheres Händchen fürs Geschäft, sind auf einzigartige Weise vielsprachig, sie kommen sehr gut untereinander und mit Fremden aus, und sie verfügen über einen unnachahmlichen Charme. Die Holländer sind aber viel zu bescheiden, um in aller Öffentlichkeit zuzugeben, daß sie sich aufgrund all dieser positiven Eigenschaften wohltuend von ihren Nachbarvölkern unterscheiden. Wenn man allerdings nachhakt, würden sie dieser Einschätzung ihre Zustimmung nicht verweigern.

Die Holländer sind besonders auf ihre Toleranz und ihre Anpassungsfähigkeit stolz. Diese Qualitäten – verbunden mit einem ausgeprägten Sinn für Anstand – sind für das Geschäftsleben äußerst nützlich. Dieser Schleier des Wohlwollens ist nicht aus liberaler Wolle gewirkt, sondern aus einem feinen Geschäftssinn gewebt. Er ist gerade dick genug, um einige Unvereinbarkeiten zu überdecken, die nur nörglerischen Pedanten in den Sinn kommen. Hier ist etwa an das heimliche Mißtrauen gegen Marokkaner, die Abneigung gegen ausländische Küchendünste aus der Nachbarwohnung oder die Scharen von Weißen, die sich am Tag des Heiligen St. Nicholas die Gesichter schwärzen und wie die Karikaturen von Negersklaven herumstreichen, zu denken. Wer diese kleinen Fehler einem Niederländer gegenüber erwähnt, kann sicher sein, seine persönlichen Gefühle zu verletzen.

Wie sie von anderen gesehen werden

In den Augen der meisten anderen Völker erscheinen die Holländer als gut organisiert und effizient – beinahe so wie die Deutschen, doch nicht so furchteinflößend. Wer könnte – so denkt man sich – schon Angst vor einem Volk rotwangiger Bauern haben, die in Windmühlen leben, deren Fußbekleidung aus Holz geschnitzt ist, die Tulpen im Garten züchten und riesige Käseräder in der Speisekammer horten.

Die Holländer stehen aber auch in dem Ruf, eigensinnig und störrisch und auf anscheinend unabänderliche Weise habgierig zu sein. Die Belgier gehen sogar noch einen Schritt weiter. Sie beklagen sich, daß ihre Nachbarn in geschäftlichen Angelegenheiten richtiggehend verschlagen seien. Im allgemeinen sehen die Nachbarvölker die umwerfende Direktheit der Holländer geradezu als Charakterfehler. Diese Offenheit bringt Völker, die noch zurückhaltender als die unmittelbaren Nachbarn sind, geradezu zur Verzweiflung. Die Japaner halten daher die Holländer für die unfreundlichsten Europäer, mit denen sie in der Welt von Handel & Wandel zu tun haben, obwohl sie von deren Geschäftssinn beeindruckt sind. Ein japanisches Sprichwort besagt: »Wo ein Holländer einmal vorbeigekommen ist, dort wächst kein Gras mehr.«

Die Engländer betrachten die Holländer mit einer vorsichtigen Anerkennung, da sie als einzige Bewohner des Kontinents dem, was Engländer so einzigartig macht, am nächsten kommen. Diese – möglicherweise Kameradschaft zu nennende – Sympathie hat noch keine lange Tradition. Im 17. Jahrhundert gingen sich die beiden Seemächte ständig an die Gurgel. Eine englische Schmäh-schrift aus dieser Zeit behauptet: »Ein Holländer ist ein lüsterner, fetter auf zwei Beinen stehender Käsewurm. Er ist so süchtig danach, Butter zu fressen, Fett zu trinken und auf Eis zu schlittern, daß er in der ganzen Welt als schlüpfriger Geselle bekannt ist.«

Die englische Sprache wurde in dieser Zeit sogar um eine Vielzahl herabsetzender Ausdrücke bereichert: *Dutch courage* (sich Mut antrinken), *Dutch comfort* (es könnte alles auch viel schlechter sein), *Dutch gold* (Fälschung).

Auch heute noch findet man bei Engländern Rudi-mente dieser Einstellung. Besonders Zollbeamte sehen die Holländer vorwiegend als drogensüchtige Pornogra-phen. Alles in allem schneiden die Holländer bei den Inselbewohnern aber recht gut ab, da sie BBC-Fernsehen per Kabel in alle ihre Häuser gebracht haben, ohne mit der Wimper zu zucken englisch sprechen und ohne dabei ein Wimpernzucken ihrer Gesprächspartner heraufzube-schwören.

Wie sie von anderen gesehen werden möchten
Die Holländer hätten nichts dagegen, wenn sie für Proto-typen des Europäers schlechthin gehalten würden. Um dieses Ziel zu erreichen, haben sie sich so emsig an be-nachbarte Nationen angepaßt, daß sie beinahe ihre eigene kulturelle Identität verloren haben. Das ist gewiß nicht schlecht, da es die holländische Flexibilität und Toleranz zum Ausdruck bringt. Dies bedeutet aber auch,

daß die meisten Menschen sich in dem Gefühl wiegen, mit den Holländern viele Gemeinsamkeiten zu haben. Demzufolge sind die Holländer natürlich auch rundherum sehr beliebt.

Daß Holland letztendlich im europäischen Konzert nur eine kleine Geige spielt, stört weder die Einwohner noch die Politiker. Wer viel Lärm macht und zu jeder Angelegenheit seine eigenen Töne von sich gibt, kann auch als weniger bedeutendes Instrument die Aufmerksamkeit auf sich lenken. Mit etwas Glück könnten die Holländer sogar Kapellmeister werden – genügend Wissen und Erfahrung wie sich die großen Instrumentalisten aufzuspielen pflegen, haben sie ja, so daß sie mit Fug und Recht mehr erreichen könnten als einige der allzu bekannten aufgeblasenen Soloartisten und angemaßten Taktstockschwinger. Besonders im Vergleich zu denjenigen, die berüchtigt dafür sind, daß sie die anderen niederwalzen.

Wie sie die anderen sehen

Obgleich die Holländer ihr Land in den vergangenen Jahrhunderten immer weiter gegen die Britischen Inseln vorgeschoben haben, haben sie ein gespaltenes Verhältnis gegenüber den Engländern. Sie sind immer wieder erstaunt, daß diese ziemlich klein geratenen Inselbewohner, deren Mund sich jedesmal wie eine Auster verschließt, wenn in ihrer Gegenwart das Thema Sex zur Sprache gebracht wird, es irgendwie immer wieder fertigbringen, gute Bücher zu schreiben und – wenn auch recht dilettantisch – einige der besten Banken der Welt betreiben. Diese Banken kaufen sie dann gerne zu Spottpreisen auf, wenn sie vor dem finanziellen Ruin stehen. Ansonsten glauben die Holländer, daß die Engländer typischerweise in Cottages leben und ein bißchen verrückt sind; verrückt sind die Holländer ihrerseits nach englischer Unterwäsche. Sie können es kaum glauben, daß eine als dermaßen steif erscheinende Nation in der Lage ist, eine dermaßen elegante und zugleich praktische Mode für »darunter« zu produzieren. Ein holländischer Fernsehreporter konnte sich einmal nicht bremsen, Margaret Thatcher anläßlich eines Interviews zu fragen, ob sie ihre Unterwäsche auch von Marks & Spencer beziehe. »Tut das nicht jeder?« war die spontane Antwort.

Frankreich und Italien gelten als annehmbare Ferienländer, aber die Holländer betrachten deren Bewohner mit einer gewissen Mißbilligung. Die Franzosen erscheinen zu frivol, um sich einer dauerhaften Bewunderung oder Anerkennung einer Nation, die noch immer ein Tröpfchen kalvinistischen Blutes in sich trägt, erfreuen zu können. Nebenbei sind die Niederländer der Auffassung, daß den Franzosen zu viel grundsätzlicher Widerspruchsgeist innewohnt, daß sie keinen Sinn für Toleranz haben und nicht über Verhandlungsgeschick verfügen. Eine Nation, die ihren Bauern erlaubt, Steckrüben auf den Autobahnen aufzuhäufen, muß wohl mit einer gewissen Skepsis betrachtet werden.

Geradlinigkeit kann zwar eine Tugend sein, wenn man aber seine Emotionen extravagant zur Schau stellt, deutet dies eher auf einen Mangel an Beherrschung hin –

daher stehen die Italiener wie die anderen mediterranen Völker in dem Ruf, daß sie zwar tolerabel, aber nicht so wertvoll wie die Holländer seien. Wahre Bewunderung unter allen europäischen Völkern bringen die Holländer den Schweizern entgegen. Das Land ist makellos sauber, seine Banken sind unangreifbar und die Kontonummern geheim.

Besondere Beziehungen

Auch die größte Toleranz hat eine Grenze. Die erste Barriere, der die holländische Toleranz begegnet, ist die deutsche Grenze. Es gibt kein anderes Wesen, das den Holländer so aus seiner gewohnten Ruhe bringen kann wie ein Deutscher. Man hält die Deutschen für arrogant, laut, rüde und intolerant – also das genaue Gegenteil der Holländer. Diese hüten sich besonders vor einer Nation, die bevorzugt in Wäldern lebt. Üblicherweise machen sie sich aber nicht die Mühe, dies zu verstehen oder zu erklären. Sie mögen einfach keine Deutschen. Wenn man einem Holländer gegenüber die Ähnlichkeit seiner Sprache mit der deutschen erwähnt, ist es unwahrscheinlich, daß man die Beziehung zu diesem Holländer fördert. Wenn man gar erwähnt, wie sehr sich diese beiden Nationen zu ähneln scheinen, wird man höchstwahrscheinlich aus dem Haus geworfen.

Wenn sich ein Deutscher in einer holländischen Stadt nach dem Weg erkundigt, wird ein Holländer entweder zum nächsten Grenzübergang oder zum nächsten Bahnhof deuten, von wo Züge nach Deutschland abfahren.

Wenn Holländer Deutsche auf der Straße entdecken, rufen sie: » Wo ist mein Fahrrad?« und brechen in endloses Gelächter aus. Dieser Scherz bezieht sich auf die Tatsache, daß die Deutschen im Zweiten Weltkrieg alle Fahrräder konfisziert haben. Er ist auch heute noch bei allen Generationen beliebt, sogar wenn die *Eltern* der Scherzbolde die Besatzungszeit selbst nicht mehr miterlebt haben. Man nutzt gerne jede Möglichkeit, um den Deutschen eins auszuwischen.

Aber auch Hollands Grenznachbarn im Süden bieten einen steten Stein des Anstoßes. Abgesehen von den Afrikaans sprechenden Weißen in Südafrika und den Einwohnern einiger weniger verstreuter Kolonien in der restlichen Welt ist Belgien das einzige Land auf Erden, wo eine dem holländischen ähnliche Sprache gesprochen wird. Man könnte annehmen, daß diese Tatsache dazu beiträgt, den Holländern ihre südlichen Verwandten sympathisch zu machen. Die Holländer aber halten die Belgier für lächerliche Figuren, über die man sich allenfalls lustig machen kann:

> Frage: »Was steht auf dem Boden einer belgischen Milchflasche?«
> Antwort: »Oben öffnen.«

Oftmals haben diese Witze sogar einen surrealen Einschlag:

> Frage: »Was steht auf dem Boden eines belgischen Schwimmbeckens?«
> Antwort: »Rauchen verboten.«

Frage: »Warum sind die Trinkgläser der Belgier quadratisch?«
Antwort: »Damit sie auf den Tischen keine runden Feuchtigkeitsflecken hinterlassen.«

In den Niederlanden selbst stehen die Einwohner der südlichsten Provinz Limburg, deren Hauptstadt die berüchtigte Stadt Maastricht ist, in dem unglücklichen Ruf, etwas töricht zu sein. Daher:

Frage: »Was passiert, wenn ein Bewohner von Maastricht sich entscheidet, in Belgien zu leben?«
Antwort: »Der durchschnittliche Intelligenzquotient in beiden Ländern wird ansteigen.«

Klischee & Vorurteil

Freigeister

Die Holländer haben nichts dagegen, wenn sich Prostituierte in Schaufenstern für jedermann sichtbar zur Schau stellen, daß Männer einander in der Öffentlichkeit Händchen halten, daß in *koffieshops* offen Marihuana verkauft wird, und sie tolerieren die verschrobenen Gewohnheiten von Einwanderern und Flüchtlingen aus der ganzen Welt. An Heroinsüchtige werden kostenlose Spritzen verteilt, Strafgefangenen wird der Ehevollzug in der Anstalt erlaubt, und Teenager können Abtreibungen vornehmen lassen. Die Holländer ertragen es sogar, daß ihr gesamtes Land immer wieder als Holland bezeichnet wird, obwohl Holland nur eine Provinz in den Niederlanden ist.

Toleranz ist nicht einfach eine Tugend, sie ist eine nationale Pflichtübung. Mit dreihundertsiebzig Menschen pro Quadratkilometer ist Holland das dichtestbevölkerte Land in Europa. Wenn die Holländer sich gegenseitig ihre Schwächen und ihre eigentümlichen Vorlieben nicht vergeben – oder sie zumindest ignorieren würden –, könnte das Leben für sie unerträglich werden. Ihre Toleranz ist daher in Wirklichkeit nichts anderes als eine pragmatische Grundeinstellung und gilt somit als gut protestantischer Wert.

Selbst wenn die Holländer etwas bemerken, was sie in ihrem tiefsten Inneren schockiert, bleiben sie äußerlich gelassen – sofern sie es nicht als Eingriff in ihre persönliche Sphäre bewerten. Ihr großer Respekt gegenüber der Freiheit anderer Menschen, ihr Leben nach eigenen Vorstellungen zu gestalten, ist ebenso holländisch wie die Deiche und die Windmühlen. Für die Holländer verlaufen die Grenzen dessen, was als hinnehmbar gilt, dort, wo gemäß stillschweigendem Einvernehmen ein Weitergehen nicht möglich ist, ohne die unsichtbaren Mauern der Privatsphäre und der persönlichen Unabhängigkeit zu überschreiten. Das Leben jenseits dieser Grenze ist im Lichte der Öffentlichkeit zwar durchaus sichtbar, aber andererseits geht es niemanden etwas an.

Es ist offensichtlich, daß es niemals leichtfällt, genau zu bestimmen, wo diese Grenzlinie verläuft. Am Vorabend des »Befreiungstages« hält man sich ganz allgemein und in einer sehr bewegenden Weise an die beiden Schweigeminuten. Straßenbahnen, Autos und alle Menschen verharren in diesen Minuten in völliger Stille. Als eine Einwandererfamilie, die von diesem Brauch nichts vernommen hatte, weiterhin zwischen all den feierlich gestimmten Menschen ihrer mit lautem Gerede verbundenen Beschäftigung nachging, waren die Holländer hin- und hergerissen: Es wäre intolerant, die Ausländer zu tadeln; sie hatten zwar ungeschriebene Regeln gebrochen, aber woher hätten sie diese kennen sollen? So grübelt man hin und her. Währenddessen hat man sich die Gedenkminuten mit moralischen Purzelbäumen verdorben.

Offene Vorhänge

Die Holländer sind in jeder Weise offen. Eingekochtes Gemüse wird lieber in Gläsern als in Dosen aufbewahrt. In Toiletten sind Tiefspüler verpönt, denn man ist daran interessiert, das Produkt innerer Stoffwechselprozesse täglich untersuchen zu können.

Um den Nachbarn und sich selbst zu zeigen, daß man nichts zu verbergen hat, baut man in Holland Häuser mit großen Fenstern und nimmt Abstand davon, des Nachts die Vorhänge zuzuziehen. So kann man bei den Nachbarn kostenlos fernsehen, es ist problemlos möglich, herauszufinden, was dort zum Abendessen gereicht wird und ob die Kinder angeschrien werden. Wenn man dabei etwas Tadelnswertes mitbekommt, wird die eigene Toleranz auf eine harte Probe gestellt.

Saubere Fenster sind der Beweis für eine gute Haushaltsführung. Die Zimmer sind in ein subtiles Helldunkel getaucht, so daß sie bei Nacht von der Straße aus ein reizendes Bild ergeben. Anstatt Vorhänge zuzuziehen, hängen die Leute, deren Fenster direkt zur Straße gehen, holzgerahmte Häkeldeckchen davor oder kleben dünne Streifen aus farbiger Plastikfolie direkt auf die Scheibe. So wird der lästige direkte Augenkontakt vermieden, und die Räume sind dennoch für aller Augen offen. Kein Holländer käme jedoch auf den Gedanken, einem Landsmann ins Fenster zu starren. Das wäre eine eklatante Verletzung der Privatsphäre. Diese Offenheit dient der Vergewisserung, daß man in einer freien, friedlichen und freundlichen Gemeinschaft lebt.

Offenheit ist auch in zwischenmenschlichen Beziehungen sehr wichtig. Die dadurch entstehende vollkommene

Freimütigkeit im Umgang würde in anderen Ländern absolut entwaffnend wirken. Wer beispielsweise das Pech hat, mit einem mißlungenen Haarschnitt herumlaufen zu müssen, würde von einem Engländer den taktvollen Rat erhalten, sich doch recht bald einen schicken Hut zuzulegen. Ein Holländer würde leicht entsetzt, aber ganz offenherzig fragen, wie es kommen konnte, daß man sich so hat zurichten lassen.

Gezelligheid

Gezelligheid ist das holländische Nirwana. In Wörterbüchern wird der Begriff *gezelligheid* mit »Behaglichkeit« übersetzt. Der deutsche Begriff »Gemütlichkeit« kommt der holländischen Bedeutung etwas näher. Aber da dem deutschen Volk im Zweifel Ordnung mehr wert ist als Fröhlichkeit, trifft auch dieser Begriff den holländischen nicht ganz. Ein holländischer Historiker hat *gezelligheid* einmal folgendermaßen beschrieben: »Sie umfaßt sowohl eine Form äußerer Behaglichkeit als auch ein lebendiges Zusammensein«. Die Stimmung, die an einem kalten Winternachmittag in einem Café in der Nachbarschaft herrscht, ist *gezellig*. Eine Mutter wird rufen: »Bleibt *gezellig*!«, wenn sie hört, daß ihre Nachkommenschaft beunruhigend laut wird. Ein berühmtes holländisches Bier wird mit dem Slogan »garantiert *gezellig*« angepriesen. Anstatt bei Anbruch der Dämmerung das elektrische Licht einzuschalten, wird eine holländische Familie Kerzen anzünden, eine Kanne Kaffee kochen, sich bequem hinsetzen und durch die großen, sauber geputzten Fenster schauen, wobei sie vor *gezelligheid* nur so strahlen.

Weil sie so dicht aufeinanderhocken, haben die Holländer entdeckt, daß es der beste Weg ist, miteinander auszukommen, wenn man dafür sorgt, daß es zu jeder Zeit in jeder Situation *gezellig* zugeht. Das Leben verläuft dementsprechend nach einer subtilen Richtlinie. Die Holländer sagen niemals: »Was werden die Nachbarn denken?« sondern: »Denk an die Nachbarn!«

Wer in einer ruhigen Einbahnstraße morgens um zwei Uhr in der falschen Richtung fährt und dort auf eine Polizeistreife trifft, wird voraussichtlich nicht angehalten, sondern vorbeigewunken. Es gibt nämlich wichtigere Dinge als sich mit solch kleinen Vergehen zu beschäftigen. Ganz nebenbei wäre es auch nicht allzu *gezellig*. Die holländische Toleranz ist das moralische Gesicht der *gezelligheid*.

Die holländische Art

Dieses Volk hat einen Schaber erfunden, mit dem die letzten Milchreste aus einer leeren Milchflasche herausgekratzt werden können. Die Holländer denken mit ihren Geldbörsen. Geiz gilt keineswegs als Untugend, ganz im Gegenteil. In Zügen beispielsweise setzen viele Holländer ihre Hunde in ihre Reisetaschen. Dann zählt der Hund nämlich als Handgepäck und nicht als mitgeführtes Tier, so daß kein Fahrpreis für ihn erhoben werden darf. Schaffner haben hiergegen nichts einzuwenden,

sie bewundern vielmehr den Einfallsreichtum der Tier-
halter.

Eine Geldausgabe ist für Holländer nur lohnend, wenn
sie die Hoffnung nährt, daß sie sich als profitabel erwei-
sen wird (*de kost gaat voor de baat uit* – die Kosten kommen vor dem Gewinn). Sonst ist es ein typischer Fall von
elk dubbeltje omdraaien – jede Münze zweimal umdre-
hen, bevor man auch nur daran denkt, sie auszugeben.
Die holländische Art, die Rechnung zu teilen (im Englischen als *double Dutch* geradezu eine sprichwörtliche
Redewendung), wurde erfunden, damit die Holländer
ihren Kaffee in Ruhe zu sich nehmen können, ohne sich
Gedanken darüber machen zu müssen, wer bezahlt.

Ja, aber...

Für Holländer ist die andere Seite der Frage ebenso
wichtig wie die Frage selbst. Kontroverse Gespräche
sind für die vielgerühmte Toleranz äußerst wichtig. Ein
toleranter Dialog wäre in Holland ohne die Worte: »Ja,
aber...« nicht möglich. Die Anti-Raucherkampagne in
Holland begann mit dem Slogan: »Wir können darüber
sprechen«. Die Raucherlobby war schon seit langer Zeit
eine anerkannte Macht, während sie auf der ganzen Welt
bereits auf dem absteigenden Ast saß.

Heutzutage verhandeln Hausbesetzer mit den Haus-
eigentümern und Lokalpolitikern, aber auch Drogendealer treffen sich immer wieder zu einem gemütlichen
Schwätzchen mit der Polizei. Politische Opposition wird
in Holland durch Verhandlungen ausgeübt und nicht als

offene Konfrontation. Wo Amerikaner beispielsweise mit zwei großen politischen Parteien auskommen, gibt es in Holland gut derer zwölf – und regiert wird in einer Koalition, weil es eben *gezelliger* ist.

Eine Meinung haben...
Erörterungen über den Tod oder über sexuelle Abartigkeiten können bei Vertretern anderer Nationen unangenehme Gefühle, Beschönigungen oder einen raschen Themenwechsel provozieren. Holländer hingegen äußern auch zu diesen heiklen Themen ihre Meinung frank und frei. Wenn sie aber doch einmal von einem Thema peinlich berührt sind, setzen sie alle Kraft in die Aufbringung der erforderlichen Toleranz, so daß die Unterhaltung wieder aufleben kann. Wenn in einem Gespräch nach einer gewissen Zeit keine alternative Meinung vertreten wird, tritt oftmals eine kurze Pause ein, die meist mit den höflich vorgebrachten Floskeln: »Ja, aber...« oder: »Andererseits...« unterbrochen wird, so daß das Gespräch neu beseelt in eine andere Richtung fortgesetzt werden kann. Toleranz verlangt eben, daß ein Thema von allen Seiten beleuchtet wird.

Die einzigen Themen, die nicht so großzügig behandelt werden, sind das eigene Einkommen und die Königin. Über weniger bedeutende Mitglieder der königlichen Familie kann man zwar hin und wieder eine zurückhaltend skeptische Bemerkung machen; Kritik oder Scherze mit Bezug auf »Unsere Königin« bringen jedoch jedes Gespräch zu einem abrupten Verstummen.

Äußerungen darüber, wieviel man verdient, was man für Miete, Kleidung oder das Auto ausgibt, werden eine wesentlich größere Abneigung erzeugen als wenn man über seine Vorlieben im Bett spricht. Es gibt nur einen Anlaß, bei dem es erlaubt ist, seine finanziellen Angelegenheiten Dritten gegenüber zu erörtern: Nach einer abgeschlossenen Behandlung durch den Zahnarzt. Jeder stürzt sich dann eifrig in ein Gespräch über Brücken und Kronen und das verrückte Zahlengebilde am unteren Rand einer Zahnarztrechnung.

Außer für Zahnbehandlungen erwärmen sich die Holländer besonders für Fußball und das Wetter. Die Gesprächsmuster verlaufen bei beiden Themen auf die gleiche Weise: ein kurzer Kommentar zum Stand der Dinge, eine oder zwei Bemerkungen über die Geschehnisse der letzten Woche und eine Prognose für die nahe Zukunft. Dann kann man sich allgemeinen Betrachtungen und der Abgrenzung der einzelnen unterschiedlichen Meinungen zuwenden.

Werte & Wandel

Geschäftssinn

Die Holländer sind mit ganzem Herzen Geschäftsleute. Einige Jahrhunderte lang hat der außerordentliche Erfolg auf diesem Gebiet den Glauben gefestigt, daß das Geschäft alles bestimmt. *Handel is handel* – diese Redewendung wird als akzeptable Entschuldigung für offenkundige Heucheleien anerkannt, sei es, wenn Quecksilber verkauft wird, dessen Förderung die Bergarbeiter in südamerikanischen Minen gesundheitlich sehr belastet oder wenn die Startbahnen der Flughäfen erweitert werden, während man gleichzeitig die Folgen des Flugverkehrs auf die Umwelt bejammert. Als im 17. Jahrhundert ein Waffenhändler wegen der Lieferung von Munition an den Feind beschuldigt wurde, soll er entgegnet haben: »Wenn wir nicht an sie verkaufen würden, könnten wir es uns nicht leisten, gegen sie zu kämpfen.« Diese Logik wurde damals ebenso wie heute akzeptiert, wenn es um die Lieferungen von Kriegsmaterial an den Irak geht.

In dem Schatten, den jeder tüchtige Geschäftsmann wirft, verbirgt sich auch eine protestantische Arbeitsethik. Die Holländer glauben, daß sie alle als hoffnungslose Sünder geboren wurden, daß diese Welt nur dazu da ist, um zu arbeiten und zu leiden und daß sich ihre Aussichten auf das ewige Leben allein nach der Zahl ihrer Gulden berechnet.

Sie mußten sich sogar das Land, in dem sie leben, selbst erschaffen und es Stück für Stück dem Meer abringen. »Gott erschuf die Welt, die Holländer aber die Niederlande«, sagt man hierzulande. Weil die Holländer so tolerant sind, kommen sie aber nach dem Tode in den Himmel. Es ist aber unwahrscheinlich, daß Gott seine Einstellung nur ein Jota verändern wird, so daß sie sich dort oben auch abmühen und schwitzen müssen. In dem Abschnitt zwischen Entstehen und Vergehen gilt: »*Arbeid adelt*« und »Faulheit ist das Kissen des Teufels«.

Der *vermanende vinger*

Der Geist der Toleranz kämpft ständig gegen das Gespenst Kalvins um die Vorherrschaft in den Köpfen der Holländer. Heutzutage gehen nur noch wenige Holländer zur Kirche, sie haben es auch eigentlich gar nicht nötig. Im Kopf jedes einzelnen Holländers gibt es eine kleine Kanzel, auf der ein Prediger mit einem *vermanende vinger*, einem drohenden Finger, steht. Faulheit und Maßlosigkeit sind die Hauptthemen seiner Predigten. Seine Aufgabe ist es, das schlechte protestantische Gewissen stets wachzuhalten. Immer wieder wird er aktiviert, um die Welt zu mahnen.

Schmutzige Fenster, *ungezelliges* Verhalten (Trunkenbolde und deutsche Touristen tun sich hier meistens besonders hervor) und glitzernde Extravaganzen lassen die drohenden Finger der Holländer in die Höhe schnellen. Meist werden *vermanende vinger* gehoben, um auf die Regeln des Anstandes hinzuweisen. Der Antrieb, sich wie ein guter und ehrbarer Bürger zu verhalten, scheint nie zu erlahmen.

Sogar Cannabis-Händler haben eine Organisation gegründet, die Qualitätskontrollen durchführt und darauf achtet, daß alle Mitglieder ihre Steuern pünktlich zahlen.

Das einzige, was den *vermanende vinger* in seine Schranken verweisen kann, ist ein gewichtiger Gegenimpuls hinsichtlich der Pflicht zur Toleranz oder die Aussicht auf einen substantiellen Profit.

Kalvinistische Regeln

Protestantische Werte sind so tief in der holländischen Erde verwurzelt, daß es die meisten Holländer verwundert, daß sich 35% der Bevölkerung zum römisch-katholischen Glauben bekennen. Schon von altersher wohnen die Katholiken in kleineren Gebieten im Südosten des Landes, wohingegen die übrige Bevölkerung – vor allem in den großen Städten – überwiegend dem protestantischen Glauben anhängt. Viele Jahrhunderte lang hat der Kalvinismus das Land mit solch fester Hand regiert, daß sich sogar der Katholizismus hierzulande diesem Zugriff nicht entziehen konnte. Folglich zeigen auch die Katholiken eine starke Neigung zu harter Arbeit und nüchterner Lebensweise.

In früheren Tagen wurden die Katholiken (natürlich)

toleriert, aber sie mußten ihren Glauben unauffällig hinter geschlossenen Türen in Kirchen, die wie gewöhnliche Wohnhäuser aussahen, praktizieren. Trotzdem sie inzwischen eigene Schulen und sogar einen eigenen Fernsehsender haben, scheinen sie auch heute noch ihren Katholizismus hinter einer fest gefügten protestantisch wirkenden Fassade leben zu müssen. Gerade ihnen aber gelingt es, an jedem Rückgrat im Vatikan Schauer des Entsetzens herunterrieseln zu lassen, indem sich unter ihnen Splittergruppen bilden, die sich für Ehescheidung, Empfängnisverhütung und die Aufhebung des Zölibats einsetzen.

Der Sabbat ist der einzige Tag, an dem die Holländer die Arbeit niederlegen können, ohne zu sehr unter einem schlechten Gewissen leiden zu müssen. Die meisten widmen ihre Sonntage dem Tennis spielen, sie sehen im Fernsehen Fußballübertragungen an oder gehen mit ihrem Hund spazieren. In ländlichen Gegenden hingegen gehen ganze Dörfer zur Kirche, paarweise, Arm in Arm, herausgeputzt mit Hüten und ihrem Sonntagsstaat. Jeder, der so keck ist, an einem solchen Tag mit dem Fahrrad herumzufahren oder seinen Rasen zu mähen, erntet einen vernichtenden Blick.

Die Stützen der Gesellschaft

Die Stützen des holländischen Establishments sind nicht einzelne Individuen, sondern Institutionen. Jahrhundertelang ruhte Holland auf zwei Säulen (*zuilen*) der protestantischen und der katholischen Kirche. In letzter Zeit

sind noch weitere Säulen zu dieser Kolonnade hinzuge-
kommen, das sind vornehmlich ein (neu)modischer So-
zialismus und die Einwanderer verschiedener Nationalitäten. Noch heute sind katholische und protestantische
Universitäten ebenso streng voneinander getrennt wie
die jeweiligen Gewerkschaften, Fernsehkanäle oder politischen Parteien. Die meisten Holländer halten all diese
Einrichtungen für austauschbar. Wer aber auf den Gedanken käme, diese Unterschiede beseitigen zu wollen,
würde einen Zusammenbruch des gesamten Systems
heraufbeschwören. Besonders in ländlichen Gegenden
wird auf diese Unterschiede noch großen Wert gelegt. In
kleinen Dörfern gibt es möglicherweise niemals genug
junge Menschen, um sinnvollerweise eine katholische,
eine protestantische und eine Montessori-Schule zu betreiben. Jede Schule würde aber eher schließen als sich
mit der Konkurrenz zusammenzutun.

Seltsamerweise geht die Vorstellung, daß die Gemeinschaft auf verschiedenen *zuilen* ruht, Hand in Hand mit
dem Glauben der Holländer an die Macht und Notwendigkeit der Toleranz. Unterschiedliche Weltsichten müssen sich nicht gegenseitig ausschließen oder gar ver-
nichten, sondern sie können gemeinsam ein starkes
gezelliges Ganzes stützen.

Zuilen haben aber auch etwas sehr Beruhigendes.
Wenn man sich in eine *zuil* integriert hat, muß man sich
keine lästigen Gedanken mehr darüber machen, wie man
mit etwas zurechtkommt, was man als fremdartig an-
sieht. Man kann sich dann damit trösten, daß es als anderer, wesentlicher Teil der Gesellschaft akzeptiert ist. Es
blieb den Nachfahren der holländischen Siedler in Süd-

afrika vorbehalten, diesen Gedanken zu pervertieren, indem sie die *Apartheid* erfunden haben.

Reichtum & Erfolg

Das Streben nach Reichtum ist der liebste Zeitvertreib der Holländer, und das Anhäufen von Geld hat dabei den Rang einer moralischen Tugend. Geld auszugeben gilt demzufolge als Laster. Ein erfreulicher Kontostand kann beweisen, daß man seine irdischen Lasten erfolgreich auf sich genommen hat, aber dieses befriedigende Gefühl darf man sich nur im stillen gönnen.

Die Holländer sind der Auffassung, daß es von extrem schlechtem Geschmack zeugt, seine irdischen Reichtümer protzig zur Schau zu stellen. Angaben über das eigene Einkommen sind ein absolutes Tabuthema. Als eine holländische Zeitschrift einmal eine Liste der zehn reichsten Holländer veröffentlichte, mußten in der nächsten Ausgabe eine Richtigstellung und eine Entschuldigung bezüglich eines der Millionäre auf der Liste abgedruckt werden. Dieser Mann, der zähneknirschend zugeben mußte, der vierzehntreichste Holländer zu sein, fühlte sich in seiner Ehre gekränkt, weil er durch diesen Irrtum als zu reich eingestuft worden war.

Man darf nun aber nicht glauben, daß die Holländer gänzlich auf jeglichen materiellen Komfort verzichten würden. Es ist völlig in Ordnung, sich mit *degelijke spullen* – gediegenem Mobiliar und qualitätvoller Haustechnik auszurüsten. Diese Gegenstände dürfen sogar elegant sein, keinesfalls aber protzig. Ein bescheidener

Mercedes mag noch durchgehen, ein Rolls Royce würde aber ein mißbilligendes Heben der Augenbrauen verursachen. Selbst die nobelsten holländischen Wohnhäuser haben zur Straße hin eine schmale, unscheinbare Fassade. Aber nach hinten hinaus erstrecken sich weitläufige Räumlichkeiten und makellos gepflegte, uneinsehbare Gärten.

Kein Klassensystem

Die Holländer sind stolz auf ihre egalitäre, klassenlose Gesellschaft. Es gibt zwar eine Königin, aber diese verkörpert doch eher *burgelijke* Werte (der respektablen Mittelschicht) als solche einer märchenhaften Monarchie. Holländer müssen sich vor ihrer Königin nicht verbeugen oder sie in anderer Weise hofieren, und sie wird nur in ihr Amt eingeführt, nicht gekrönt.

Eine winzige Handvoll alter Familien bildet zusammen mit den Absolventen einiger sehr alter Universitäten eine kleine feine Oberschicht, deren Angehörige sich in jeder Hinsicht gegenseitig stützen und schützen. Dieses Netzwerk spannt sich zwischen der großen Welt von Handel und Industrie, den Banken und dem diplomatischen Corps aus.

Das übrige Holland gehört einer breiten Mittelklasse, die sich über Snobismus amüsiert und sich ansonsten selbst genug ist. Das Spektrum dieser Mittelklasse reicht von jungen Aufsteigern mit Universitätsabschluß, die im Fernsehen die BBC-Programme bevorzugen, die sie per Kabel empfangen, bis hin zu Fabrikarbeitern, die sich an den Seifenopern und bunten Blättern mit Klatschgeschichten erfreuen. Im Gegensatz zu England und durchaus vergleichbar mit Deutschland sprechen die Angehörigen dieser Schicht aber alle eine gemeinsame Sprache und führen ihr Leben weitgehend nach den gleichen Spielregeln.

Mitmenschen & Zeitgenossen

Die Familie

Ein Blick auf die Geburtsanzeigen in holländischen Tageszeitungen zeigt, daß die Holländer ihre Kinder geradezu vergöttern:

»Piet und Maria ist ein neuer Erdenbürger geboren worden. Der kleine Hans, 4.6.1997.«

Die holländische Familie ist die Keimzelle der *gezelligheid* und die erste Akademie, auf der den jungen Erdenbürgern die Grundbegriffe von Toleranz und Verhandlungsgeschick vermittelt werden. Die Holländer behandeln ihre Kinder mit Respekt, und sie erwarten, daß sie den Schmuck der Ehrbarkeit möglichst früh tragen. Von Kindesbeinen an lernen die Kleinen, *gezellig* zu sein, und sich so zu verhalten, daß sie sich problemlos in die Gesellschaft einfügen. Jedem Jugendlichen wird Tausende Male gepredigt: »*Doe maar gewoon, dan doe je al gek genoeg*« (Verhalte dich so normal wie möglich – das ist schon verrückt genug) – und in Holland trifft das im allgemeinen den Nagel auf den Kopf.

Man billigt den jungen Leuten die Intelligenz zu, eigene Entscheidungen für ihr Leben zu treffen. Wenn beispielsweise auf einem Kinderspielplatz Veränderungen geplant sind, wird die Gemeindeverwaltung diesbezügliche Fragebögen eher an die Kinder als an die Eltern schicken. Selbst Situationen, die woanders nach dem Motto »Mammi weiß am besten, was für euch gut ist« gehandhabt werden, sind hierzulande offen für Verhandlungen. In den Gängen der Supermärkte werden manchmal komplizierte Händel abgeschlossen, wenn es um die Speisenfolge fürs Abendessen geht; da wird hart um Spinat und Broccoli gegen Erdbeereis und eine Extraportion Kekse gefeilscht.

Im Gegensatz zu den Engländern, die Strukturen und Strikturen des viktorianischen Familienideals aufrechterhalten wollen, haben die Holländer nichts dagegen, daß ihre Familien eigene Gestaltungsformen wählen, was sie mit Liebe und Begeisterung angehen. Großvater und Großmutter feiern Weihnachten mit ihrem Sohn und dessen Lebensgefährten, ihrer unverheirateten Tochter und deren Kindern. Sie erleben so das Fest weitaus harmonischer als viele englische Familien, die mit je einem Elternteil unterschiedlichen Geschlechts und 2,5 ungebärdigen Bälgern zwar der statistischen Norm entsprechen, aber...

Tiere

Ein alter holländischer Spruch besagte: Wenn man einem Holländer seine Pfeife und Tabak nimmt, kann er nicht glückselig in den Himmel eingehen. Heutzutage können die Begriffe Pfeife und Tabak durch den Begriff Hund ersetzt werden. In einem so dichtbesiedelten Land könnte man etwas kleinere Haustiere erwarten wie etwa Wellensittiche, Hamster oder Goldfische. Der beste Freund des Holländers ist der herumspringende, vergnügte, alles vollsabbernde und sich überall erleichternde Köter. Daran ist nichts zu ändern. Hunde dürfen sich in Parks, Geschäften, Cafés und Restaurants ohne Einschränkungen aufhalten.

Der landesweite Sauberkeitsfimmel bekommt einen Knacks, wenn der Hundedreck zur Sprache kommt. Ein Spaziergang auf dem Bürgersteig erweist sich als wahrer Hindernislauf. Fußgänger müssen demnach den Blick auf den Boden gerichtet halten und können den Gedanken an einen Schaufensterbummel und Profilsohlen vergessen. Über Pflastersteine, auf denen ein gekrümmter Hund, ein Bogen und die Worte *In de Goot* (in die Gosse) gemalt sind, wird die Nase gerümpft und sie werden ignoriert. Obwohl die Holländer selbst sehr vielsprachig sind, müssen ihre Hunde leider noch immer als Analphabeten gelten.

Senioren
Neben Hunden und Kindern nehmen ältere Leute einen der bevorzugten Plätze im Pantheon der Holländer ein – und dort wollen die älteren Herrschaften auch unter allen Umständen bleiben. Selbst wenn die jüngere Generation inzwischen über die »Graue Pest« zu murren beginnt, ihren Ehrenplatz kann man ihnen nicht so leicht streitig machen. Die Grauen sehen das aber folgendermaßen: Nach einem Leben voller Plackerei ist die

65-plus-Brigade der Auffassung, daß sie nun etwas Spaß verdient hätten. Sie gründeten eine eigene Partei und erreichten immerhin sechs Sitze im Parlament. Das hohe Alter ist allerdings das einzige, was sie miteinander verbindet. Durch eine Reihe von Streitigkeiten und Zerwürfnissen haben sie sich so sehr entzweit, daß sich alle Seniorenabgeordneten inzwischen von ihrer Partei losgesagt haben, sich nunmehr alleine repräsentieren und ihre eigenen Meinungen, die sie im Laufe ihres Lebens gebildet haben, zu Gehör bringen.

Wenn sich die Senioren nicht für höhere Renten einsetzen, singen sie sich bei einem Senioren-Eurovision-Gesangswettbewerb die Lungen aus dem Leib, radeln durch die Natur und erleben im allgemeinen die beste Zeit ihres Lebens.

Exzentriker

In Holland ist es sehr schwer, als Exzentriker Anerkennung zu finden. Die holländische Toleranz läßt das sonderbarste Verhalten als normal erscheinen. Engländer glauben, daß alles akzeptabel ist, solange es die Pferde nicht scheu macht. Eine Hauptregel in Holland lautet, daß jedes Verhalten so lange hingenommen wird wie es nicht un*gezellig* oder schlecht fürs Geschäft ist.

Jedermann hat ein sicheres Empfinden dafür, den Apfelkarren nicht umzuwerfen und den Kopf nicht zu weit über die Brüstung hinauszustrecken. In Holland kann aber ein Apfelkarren nicht so leicht umgestoßen werden, und die Brüstungen sind etwas höher als im übrigen Europa. Verhalte dich so normal wie möglich – das ist schon verrückt genug...

Immigranten

Die Niederlande sind seit langer Zeit eine Zuflucht für Menschen, für die das Meer in ihrer eigenen Heimat etwas zu unruhig geworden ist. Als eine Handelsnation ist den Holländern von altersher bekannt, daß es zu ihrem Besten ist, in politischen und religiösen Fragen sehr flexibel zu sein. Früher flohen die Protestanten von Antwerpen nach Holland (und brachten außerordentliche Fähigkeiten in der Diamantschleiferei mit), dann kamen Juden aus Portugal (und brachten ihr Wissen um geheime Handelsrouten mit). Seit dem Zweiten Weltkrieg hat sich Holland im Glorienschein des Anne-Frank-Effekts gesonnt, auch wenn die holländische Vergangenheit in diesen unruhigen Zeiten alles andere als makellos war, wie Königin Beatrix kürzlich selbst zugegeben hat.

Heutzutage leben – unter anderen – Surinamesen, Indonesier, Türken, Marokkaner und Flüchtlinge vom Balkan neben gebürtigen Holländern. Viele Bewohner der früheren Kolonien, besonders aus Indonesien, übernehmen inzwischen einen aktiven Part in der modernen holländischen Gesellschaft, andere leben neben den Holländern dahin, ohne sich besonders um das Leben ihrer Gastgeber zu kümmern. Die Holländer hingegen ziehen sich in ihre *zuilen* zurück und packen die Immigranten in eine eigens für sie geschaffene.

Jedermann zeigt entschlossen seine Toleranz gegenüber Flüchtlingen und Ausländern, auch wird die Bereicherung der nationalen Küche nicht vergessen, und man erfreut sich an den Farben, durch die nun manche Stadtteile belebt werden. Es ist halt so, daß alles innerhalb der sauberen Grenzen des eigenen Lebensbereichs *geselliger* wird. In den dunkleren Ecken einiger verborgener Schubladen gibt es ein unterdrücktes Knurren, das beklagt, daß die Fremden Wohnungen und Arbeitsplätze für sich beanspruchen. Darüber hinaus sind die Niederlande, Toleranz hin oder her, bedauerlicherweise einfach übervölkert.

Sitten & Gebräuche

Holländische Sitten werden mehr von Freundlichkeit bestimmt als von starrer Förmlichkeit. Holländer versuchen
stets eine *gezellige* Umgebung zu schaffen, in der sich
jeder entspannen und die Gesellschaft anderer genießen
kann.

Trotz alledem gibt es doch einige Fettnäpfchen, in die
Ahnungslose treten können. Wer über etwas Sensibilität
verfügt, wird es sofort bemerken, weil sich die Atmo-
sphäre schlagartig abkühlt. Andererseits wird man nicht
lange im unklaren gelassen. Holländer machen aus
ihrem Herzen keine Mördergrube, wenn es darum geht,
andere auf ihre Fehler hinzuweisen – es ist dann an dem
Missetäter, sich durch diese Art von Grobheit verletzt zu
fühlen.

Begrüßungen

Wenn Holländer einen fremden Menschen kennenlernen,
lächeln sie, schütteln die Hände und stellen sich vor. Das
Händeschütteln ist in Holland herzlich und angenehm,
irgendwo in der Mitte zwischen der deutschen Schraub-

zwinge und dem britischen – kürzestmöglichen – Hände-
druck. Schon nach einer kurzen Dauer der Bekanntschaft
nennt man sich beim Vornamen, wenn dies auch nicht
in der Geschwindigkeit, die in Amerika üblich ist, geschieht. In der Zwischenzeit prüft man sich gegenseitig
ganz genau.

Kollegen und Bekannte bleiben gerne beim Händeschütteln, das mit zunehmender Festigung der Beziehung länger andauert und warmherziger wird. Wenn
aber eine gewisse Brücke überschritten wurde und man
sich im Reich der Freundschaft befindet, wird das Händeschütteln vom holländischen Kuß verdrängt – ein zartes
Picken auf jede Wange und ein Drittes für ein gutes
Gleichmaß. Sowohl bei der Begrüßung wie beim Abschied geben sich die Holländer die Hand beziehungsweise wangenküssen sie sich; dies geschieht gleichblei-
bend, ungeachtet der Veränderungen in der jeweiligen
Beziehung.

Wenn man in Holland Menschen begrüßen muß, ist es
hilfreich, immer auf etwas Staffage zurückgreifen zu können, seien es Blumen oder eine Tasse Kaffee. Holländer
beiderlei Geschlechts schenken sich zu den unbedeu-
tendsten Gelegenheiten Blumen. Blumensträuße werden
in Holland wie Küßchen auf die Wange gewechselt. Das
Begrüßungsritual wird dann am erfreulichsten fortgesetzt – sofern die äußeren Umstände dazu geeignet
sind –, wenn eine Tasse Kaffee angeboten wird.

Finger weg

Die holländische Mäßigkeit diktiert Gästen, sich mit einem Stück Kuchen zum Kaffee zu begnügen. Wenn man ein zweites Stück nimmt, selbst wenn man einmal eines angeboten bekommen sollte, wird dies bei den Gastgebern dasselbe Mißfallen erregen wie wenn man auf die höflichkeitshalber gestellte Frage nach dem werten Befinden mit einer umfangreichen Auflistung seiner ganzen Wehwehchen antwortet. Wer sich zu seinem Sherry vor dem Abendessen an den bereitgestellten Oliven oder Erdnüssen delektiert, wird ebenfalls ein Stirnrunzeln ernten. Die Verteilung dieser mildtätigen Gaben obliegt alleine dem Gastgeber. Wer andererseits Holländer zu Gast hat und sie mit einer ernstgemeinten Aufforderung, sich selbst zu bedienen, ihrem Schicksal überläßt, muß damit rechnen, daß sie die Tafel entweder pikiert oder hungrig – wahrscheinlich sowohl als auch – verlassen.

Mißfallensbekundungen per Hand und per Mund

Das Winken mit den Armen ist ein Aspekt fremder Kulturen, der von den Holländern nicht übernommen worden ist, obwohl sich der *vermanende vinger* bei Extravaganzen, Anzeichen von Intoleranz oder offensichtlicher Faulheit als unausrottbarer Reflex herausgebildet hat. In Augenblicken unbändigen Zorns kann es schon passieren, daß der Zeigefinger durch den ausgestreckten Mittelfinger ersetzt oder mehrfach kurz hintereinander an die Stirn geklopft wird, um den Geisteszustand eines Menschen in Frage zu stellen.

Verbal bringen die Holländer ihr Mißfallen in der Art zum Ausdruck, daß sie andere im Namen Gottes verdammen. Wenn sie sich beschimpfen, nehmen sie gerne auf die Körper- oder Genitalfunktionen ihres Gegenübers Bezug. Diese Beschimpfungen sind dann oft nicht mehr von Kosenamen zu unterscheiden. *Scheetje* (kleine Blähung) oder *drolletje* (kleiner Kothaufen) sind beides Ausdrücke einer zärtlichen Zuneigung.

Mit *U* oder ohne *U* (Sie oder Du)

Im Laufe einer Bekanntschaft werden in Holland alle Stufen von der formellen Anrede »Sie« bis zum vertraulichen *je* oder *jij* durchlaufen. Diese Vertrautheit stellt sich meist schneller ein als in Deutschland, bei vielen jungen Holländern ohnehin von Anfang an. Viele Vorgesetzte und ältere Menschen erwarten aber nach wie vor, mit »*U*« (»Sie«) angesprochen zu werden, selbst wenn sich die Unterhaltung um sehr vertrauliche Themen dreht. Meist streicht man wie die Katze um den heißen Brei, bedient sich komplizierter Satzgefüge, um die direkte Anrede zu vermeiden, bis einer der Gesprächspartner aus Versehen ein *je* (du) in die Unterhaltung einfließen läßt, was dann für die übrigen Anwesenden das Zeichen ist, nun auch auf Formalitäten zu verzichten.

Wenn man in einem Geschäft vom Verkaufspersonal mit »*U*« statt mit »*je*« angesprochen wird, kann man daran deutlich erkennen, daß man keine Chance mehr hat, zur Jugend gezählt zu werden, sondern endgültig dem Mittelalter zugeordnet wird.

In Holland bedankt man sich erstaunlicherweise am korrektesten mit »*U*«. Schon von den Kindern wird verlangt, daß sie sich mit mindestens zwei Worten bedanken – *dank U* statt des etwas schlichten *bedankt*.

In Geschäftsbriefen ist das »*U*« natürlich unverzichtbar. Wer in einem Brief einen Satz mit *Ik* beginnt, sieht sich dem Vorwurf einer über alle Grenzen hinausgehenden Arroganz ausgesetzt.

Schlange stehen

Das Schlange stehen ist in den Niederlanden nicht verwurzelt, sondern wurde – allerdings ohne großen Erfolg – aus den Nachbarländern importiert. Banken oder Poststellen versuchen dem Vordrängeln Einhalt zu gebieten, indem sie Zahlen aufleuchten lassen oder Nummernzettel verteilen. Die Menschen irren dann düster umher, bis ihre Nummer endlich aufgerufen wird. Wenn diese technischen Errungenschaften aber noch nicht vorhanden sind, bequemt man sich mehr oder weniger dazu, in einer Reihe zu stehen. Worauf es ankommt, ist allerdings nicht die gerade Linie der Reihe, sondern ein gewisser Mindestabstand zwischen dem ersten Wartenden in der Reihe bis zu demjenigen, der vorne an dem Schalter oder an der Theke zu tun hat.

Die Holländer haben großen Respekt vor der Privatsphäre der anderen, vor allem, wenn es um finanzielle Dinge geht, daher ist an Bank- und Postschaltern in der Regel ein Abstand von einem Meter zu dem Kunden zu halten, der gerade bedient wird, ganz egal, ob er komplizierte Transaktionen und Geldanlagen besprechen oder nur eine Briefmarke erwerben möchte. Oftmals ist dieser Anstandsmeter mit einer Markierung auf dem Fußboden gekennzeichnet.

In Geschäften sind die Regeln des Anstehens etwas abstrakter. Wenn Holländer ein Geschäft betreten, versuchen sie, sich einzuprägen, wer bereits vor ihnen da war. Verkäufer und Verkäuferinnen halten sich aus der Problematik der Reihenfolge heraus, indem sie lediglich fragen: »Der Nächste bitte?« So ist es den Kunden überlassen, sich um den Vorrang zu zanken. Dabei geht es hin und wieder recht zünftig zu. In Bussen, Bahnen und Zügen werden die in Anspruch genommenen Rechte mit Ellenbogen, Schirmen und unter Einsatz des gesamten Körpers zur Geltung gebracht.

Einkaufen

Hypermärkte, Megamärkte und Maximärkte werden inzwischen auch in Holland in den Einkaufszentren an den Stadträndern gebaut. Das Einkaufen in solch großem, unpersönlichem Stil entspricht eigentlich nicht der holländischen Vorstellung. Kleine Einzelhandelsgeschäfte in unmittelbarer Nachbarschaft sind zum einen *gezelliger*, und zum anderen sind die kleinen Straßenmärkte wahrscheinlich billiger. Die meisten Holländer kaufen täglich ein und schätzen riesige, in Plastik verpackte Vorräte nicht. Beim Einkauf freut man sich auf ein Schwätzchen und ein Täßchen Kaffee unterwegs.

Die Holländer grüßen den Ladenbesitzer fröhlich,

wenn sie das Geschäft betreten, wenn sie den Laden verlassen, sagen sie: *»Tot ziens«* (Bis bald). Wenn sie an der Reihe sind, glauben sie alle Zeit der Welt zu haben, um in Ruhe auswählen zu können. Man kostet den Käse, bevor man ihn kauft, man erkundigt sich bei dem Verkäufer nach den Besonderheiten des Käses und überlegt sich, ob man lieber eine Käseecke oder eine Käsescheibe kaufen möchte. Dies alles gehört zum Vergnügen des Einkaufens. Vor den Geschäften stehen bunt bemalte Drehorgeln, die dieser alltäglichen Notwendigkeit etwas Festliches verleihen.

Den holländischen Gewerkschaften ist es gelungen, die Öffnungszeiten der Geschäfte zu limitieren. Es herrschen ähnliche Verhältnisse wie bis vor kurzem in Deutschland, wo die Geschäfte dann schließen mußten, wenn die Menschen endlich mit der Arbeit fertig waren, und wo man am Samstag nur bis mittags und am Sonntag überhaupt nicht einkaufen gehen konnte (und kann). Für alle diejenigen, die von 9 bis 17 Uhr an ihre Arbeitsstelle gebunden sind, ist das Einkaufen daher nichts anderes als eine gehetzte Strafaktion. Entsprechend der für Holland typischen Bereitschaft, Kompromisse einzugehen, und dem allgegenwärtigen gut ausgebildeten Geschäftssinn bleiben die Geschäfte samstags nachmittags geöffnet. Dafür sind sie montags vormittags geschlossen, wenn sowieso kaum jemand zum Einkaufen geht.

Wenn die übrigen Geschäfte in Holland schließen, findet man alles, was man braucht, von *chorizo* bis zu Champagner in sogenannten »Nachtläden« in der Nachbarschaft. Frische Blumen beispielsweise, die für alle gesellschaftlichen Kontakte von größter Bedeutung sind, werden zu allen Tages- und Nachtzeiten in kleinen Budchen an der Straße, in den Nachtläden und sogar an Tankstellen verkauft. Kaffee, ein weiterer unverzichtbarer Artikel im holländischen Gemeinwesen, kann auch da erworben werden, wo man es gar nicht erwartet, beispielsweise beim Metzger.

Freizeit & Vergnügen

Wenn sich Holländer von der Last ihrer harten Arbeit erholen wollen, entspannen sie sich bei einer Tasse Kaffee. Bei besonderen Anlässen lädt man sich sogar gegenseitig nach Hause ein – wobei man als Gast keinesfalls den obligatorischen Blumenstrauß vergessen sollte und daran denken muß, nicht mehr als das übliche *eine* Stück Kuchen zu sich zu nehmen. Im allgemeinen trifft man sich aber doch in Cafés. Die ortsüblichen Kaffeehäuser sind so etwas wie der Allgemeinheit zugängliche Wohnzimmer – gemütlich, verraucht und dicht besetzt mit Menschen, die ihr eigenes Wohnzimmer in tadellosem Zustand zurückgelassen haben, wovon sich durch die offenen Vorhänge hindurch jedermann überzeugen kann.

Wenn man sich dieser Kaffeehausgesellschaft zugesellen möchte, sollte man vor allen Dingen eine Meinung haben. Ein Holländer, der mindestens einen Standpunkt vertritt, kann dort bei einer Tasse Kaffee und endlosen Wortgefechten einen relativ preiswerten Abend verbringen; wenn die Diskussionen bis in die Nachtstunden andauern, mag man sich noch ein kleines Glas Bier gönnen. Nur ein wichtiges Fußballspiel, das von dem Fern-

sehapparat, der meist in irgendeiner Ecke des Cafés aufgestellt ist, ausgestrahlt wird, kann diese Debatten un-
terbrechen.

Urlaub

Um sich ihre körperliche und geistige Gesundheit zu erhalten, halten es die Holländer für unabdingbar, ihrer
heimatlichen Klimazone zu entfliehen. Sie fahren gerne
in Länder, in denen sie Sonne tanken können. Als Reise-
ziele rangieren die lieblichen Hügel Frankreichs oder die
sonnigen Küsten Griechenlands oder Spaniens zuoberst
auf der Beliebtheitsskala. Der Erfolg dieser Ferien wird
an der Intensität der gewonnenen Sonnenbräune und an
der Anzahl der Regentage im Ferienort (möglichst wenige) gemessen. Sogar Menschen, die von der Sozial-
hilfe leben, bekommen einmal jährlich Urlaub und dürfen sich dann auf Staatskosten sonnen, um sich vom
Streß der Arbeitslosigkeit zu erholen.

Mit der reinen Grenzüberschreitung ist für die Holländer das wünschbare Maß an Abenteuer bereits erfüllt.
Ihren Urlaub möchten sie ansonsten so *gezellig* und so
holländisch wie möglich verleben. Die sicherste Me-
thode, um dieses Ziel zu erreichen, besteht darin, sein
eigenes Haus mitzunehmen: In den Niederlanden gibt es
etwa eine halbe Million Wohnwagen. Manchmal schließen sich ganze Nachbarschaften zusammen, um auf den
Campingplätzen im Ausland *gezellige* holländische Viertel einzurichten.

Zudem ist ein Campingurlaub viel billiger. Selbst wenn

sie sich für die Anmietung einer Ferienwohnung entschieden haben sollte, wird eine holländische Familie ihr Auto auf jeden Fall bis unters Dach mit Kartoffelsäcken, Zahnpasta und anderen original holländischen Vorräten vollpacken, die man im Ausland garantiert nirgendwo bekommt. Dank solcher vorausschauenden Bevorratung sind holländische Mägen außerdem gegen unliebsame Überraschungen fremder Kulinarik und holländische Geldbörsen gegen touristische Wegelagerei gefeit; am besten ist es, wenn man im Ausland überhaupt kein Geld ausgeben muß.

Sport
Den meisten Holländern scheint die alltägliche körperliche Ertüchtigung auf dem Fahrrad zu genügen, und im Winter verlegen sich viele noch aufs Schlittschuhlaufen. Wenn eisiger Frost das ganze Land überzogen hat, schleifen die Leute die Kufen, und dann ist von nichts anderem mehr die Rede als von *elfstedentocht,* einem Marathonlauf, dessen Route auf den Kanälen und Grachten vorbei an elf Städten in Friesland ausgetragen wird. In spannender Erwartung harrt die gesamte Nation auf den Zeitpunkt, bis der Frost alle Wasserwege passierbar gemacht hat. Dies ist beinahe so prickelnd wie bei dem Rennen selbst. Das Rennen ist natürlich nur so gut wie das Eis, auf dem *elfstedentocht* abgehalten wird.

In Anbetracht der flachen holländischen Geographie haben sich die Holländer einige ausgesprochen landesspezifische Sportarten ausgedacht. Eher als Akt der Verzweiflung verbringen die Mitglieder des Holländischen Bergsteigervereins ihre Wochenenden damit, an den Wänden hoher Gebäude hinaufzuklettern. Hunderte von Holländern haben sich für das horizontale Bergsteigen entschieden. Sie waten durch das schwarze gurgelnde Watt an der friesischen Küste. Sie können sich stundenlang dafür begeistern. Dann packen sie ihre Ausrüstung wieder zusammen und fahren nach Hause. Anfang August kann man noch eine andere typisch holländische Freizeitaktivität bestaunen – das Stocksitzen. Männer setzen sich auf Holzpfähle, die in den Nordseeboden gerammt sind, bis sie herunterfallen. Wer sich am längsten halten kann, ist natürlich der Gewinner. Das Ertragen solcher Unbequemlichkeiten läßt die Frage, ob es sich bei solchen Sportarten um unkalvinistische Akte mit frivolem Einschlag handeln könnte, gar nicht erst aufkommen.

Wenn es aber darum geht, sich daran zu erfreuen, wie Menschen tapfer gegen die Elemente ankämpfen und sich gegenseitig ihre Stärke beweisen, ist Fußball für Holländer der Lieblingssport. Es ist bekannt, daß Stadtratssitzungen bei bevorstehenden wichtigen Spielen abgekürzt wurden und daß Fans ihre Siegesfeiern mit offizieller Genehmigung auf öffentlichen Straßen und Plätzen abhalten dürfen. Während der Spielzeit verdrängt der Fußball sogar das Wetter von Platz eins auf der Beliebtheitsskala der Konversationsthemen, und die Fernbedienung setzt hinterm Sofa Staub an, da der Fernseher stets auf den Sportkanal eingestellt bleibt.

Fernsehen

Holland hat eines der ältesten und dichtesten Kabel-netze Europas. Beinahe jeder Haushalt kann per Finger-druck BBC und ITV, ARD und ZDF sowie deutsche Privat-sender, französische, belgische oder italienische Sender einschalten. Darüber hinaus gibt es eine Menge von Lokalsendern und Spartenprogrammen. Von dieser reichlich gedeckten Tafel picken die Holländer gerne ein Häppchen hier, ein Häppchen da, und lassen es sich schmecken.

Zu ihrem kulturellen Make-up paßt dies bestens. Ka-belfernsehen ist die moderne Version dessen, was die Holländer ohnehin bereits seit Jahrhunderten tun. Sie sind die weltbesten Zapper im kulturellen Bereich.

Holländische Fernsehsender bieten eine gemischte Kost aus ausländischen Spielfilmen, armseligen Game-shows, übertriebenen Seifenopern und Talkshows. Be-sonderen Unterhaltungswert scheint das heimliche Be-obachten von Menschen während sie nachdenken, sich unterhalten oder sich streiten zu haben. Daher stehen Talkshows besonders hoch im Kurs. Die bekanntesten werden in Cafés aufgezeichnet und zeigen dann, was Holländer tun, wenn sie gerade nicht fernsehen.

Sex

Die holländische Vorliebe für Offenheit und Klarheit erhellt auch das, was bei vielen anderen Völkern in un-durchdringliche Nebel getaucht ist, Sex. Da man hierzu-lande – gerade auch auf diesem Gebiet – nicht zur Verdunkelung neigt, sind die Holländer imstande, den Sex sowohl im hellen Licht der Vernunft zu betrachten als auch als Ausdruck – bisweilen etwas komplizierter – menschlicher Leidenschaften zu verstehen.

Für sie ist es kein Widerspruch, wenn eine vollbeklei-dete Fernsehansagerin vor der Kamera ganz locker über die Notwendigkeit von *Safer sex* plaudert, während im Hintergrund eine live gefilmte Safer-Sex-Orgie vorge-führt wird. Der kahlrasierte Vorstand eines Sadomaso-Clubs wird (im Bett liegend) nicht etwa über die sexuel-len Praktiken der Mitglieder seines Clubs interviewt, sondern darüber, wie sein Club organisiert ist.

Wenn es um zwischenmenschliche Beziehungen geht, verhalten sich die Holländer genauso offenherzig. In einer landesweit verbreiteten Zeitschrift sind nackte Paare abgebildet, deren Familiennamen und Gesichter allerdings geschwärzt sind. Im dazugehörigen Text äußern sie sich frank und frei über die körperlichen Vor-züge ihres/r Partners/in. Die beliebtesten Fernsehpro-gramme sind die mit Titeln wie *Het spijt me* (Es tut mir leid), in denen Paare, die sich getrennt haben, wieder zu-sammenfinden (oder auch nicht, je nachdem), während die ganze Nation zuschaut.

Witz & Humor

Der holländische Humor delektiert sich eher an Pleiten, Pech & Pannen als an Wortakrobatik. Wenn ein Unglücksrabe durch den Sitz seines Stuhles hindurchbricht, wird er mehr Gelächter ernten, als wenn er das raffinierteste Wortspiel zum besten gäbe. Wenn Onkel Theo verschwindet und im Kleid von Tante Miep zurückkommt, wird er wesentlich mehr Erfolg haben als wenn er versucht, eine Tischgesellschaft mit geistreichem Geplänkel zu unterhalten. All diesem Tortenschlacht-Humor liegt ein harter, ja grausamer Zug zugrunde. Bei einer gelungenen Mischung von Aufs-Glatteis-führen und Der-Lächerlichkeit-preisgeben quietscht das holländische Publikum vor Vergnügen. Trotz ihrer Abneigung allem Deutschen gegenüber finden auch die Holländer Schadenfreude höchst ergötzlich.

Die Holländer sind viel zu direkt, um sich an Ironie zu erfreuen. Sie nehmen das, was man ihnen erzählt, für bare Münze; sorgfältig ausgedachte Ironien fassen sie als Irrtum, Beleidigung oder Sarkasmus auf. Mit den Engländern haben die Holländer gemein, daß die auch über sich selbst herzlich lachen können.

»Wie wurde der Kupferdraht erfunden?«
»Zwei Holländer kämpften um einen *stuiver* (gering-
wertige kleine Kupfermünze).«

Eine einzige Spielregel ist auch bei den gröbsten Scher-
zen einzuhalten: Weder die Königsfamilie noch die hoch-
verehrte Toleranz dürfen angegriffen werden.

Die etwas subtilere Variante des holländischen Witzes
ist der trockene Humor und eine spielerische Freude an
Absurditäten und daran, wie gesellschaftliche Werte
durch den Kakao gezogen werden. Manchmal werden
daraus landesweit anzutreffende Marotten, etwa der Art,
daß die Stadtverwaltungen es zulassen, wenn die
Straßenbahnen mit Cartoons oder in knalligen Farben
bemalt werden. Es gibt aber auch Auswüchse dieses
Humors, über die man als Ausländer nur verblüfft sein
kann.

> »Lieber Himmel!« schreit ein neureicher Partygast, als
> er des Kleides seiner Gastgeberin ansichtig wird. Alle
> Gäste unterbrechen ihre Unterhaltung und sehen zu
> ihm hin.
> »Was ein schöner Stoff«, lobt der Gast. »Was für ein
> schönes Kleid könnte man daraus schneidern!«

Die *gezellig*ste Form des holländischen Humors liegt in
einer guten Geschichte, vor allem wenn sie den traditio-
nellen holländischen Werten einen kleinen Tritt versetzt:

> Anläßlich des ersten Geburtstags ihres erstgebore-
> nen Sohnes erkundigen sich die stolzen Eltern nach
> den Wünschen des Sprößlings. »Einen rosafarbenen

Tischtennisball«, war die Antwort. Die Eltern respektierten diesen Wunsch, und der Vater muß ganz Holland danach absuchen, findet aber schließlich das gewünschte Geschenk. Vor dem zweiten Geburtstag erkundigen sich die Eltern abermals nach den Wünschen ihres Sohnes. Der Zweijährige wünschte sich einen ganzen Korb voller rosafarbener Tischtennisbälle. Vater und Mutter erfüllen pflichtgemäß auch diesen Wunsch, wenn es auch mit einigen Schwierigkeiten verbunden ist. Zu seinem dritten Geburtstag wünscht sich der Knabe eine ganze Wagenladung rosaroter Tischtennisbälle. Immer noch versuchen die Eltern diesem Wunsch zu entsprechen, auch wenn es beinahe unmöglich ist. Als er sich zu seinem vierten Geburtstag ein ganzes Zimmer voller rosafarbener Tischtennisbälle wünscht, beschließt sein Vater, eine Fabrik für rosafarbene Tischtennisbälle zu bauen. Damit ist er in eine Marktlücke gestoßen und das Geschäft blüht. Mit jedem Geburtstag fordert der Sohn größere Mengen rosafarbener Tischtennisbälle. Kurz vor seinem zwölften Geburtstag wird er von einem Lastwagen angefahren und ins Krankenhaus gebracht. Obwohl es ihm sehr schlecht geht, kann er noch seinen üblichen Geburtstagswunsch äußern. Da seine Eltern durch die rosafarbenen Tischtennisbälle reich geworden sind, sind sie nun der Auffassung, die Privatsphäre ihres Sohnes nicht zu verletzen, wenn sie ihn fragen, weshalb er eine solche Vorliebe für rosafarbene Tischtennisbälle hat. Sie beugen sich über sein Bett und flüstern ihm die Frage ins Ohr. »Weil...«, antwortet der Junge, »weil...« und stirbt.

Kulte & Rituale

Kaffee trinken

Kaffee ist eine nationale Institution. Der bedeutendste holländische Romanklassiker handelt von Kaffee. Jede Ankunft, jeder Abschied wird von einer Tasse Kaffee begleitet. Kaffee ist der zentrale Angelpunkt, um den sich Freundschaften, Beerdigungen, Geburtstage und der Büroalltag drehen. Kaffee ist das unverzichtbare Schmiermittel der *gezelligheid*.

In Holland wird der Kaffee schwarz und so stark serviert, daß sich der Pulsschlag verdoppelt. Kaffee mit Milch wird gerade noch hingenommen, obwohl man das eigentlich bereits für ein anderes Getränk hält. Die Holländer nennen es *koffie verkeerd*. Wenn dem Kaffee aber Sahne zugesetzt wird, wird dies als geradezu sonderbar angesehen, wohingegen das Hinzufügen von *koffie melk*, einer Art Kondensmilch, als akzeptabel gilt.

In den Cafés wird zu einer Tasse Kaffee stets ein kleines Plätzchen serviert. Dies gehört ebenso dazu wie Würfelzucker und ein kleines Plastiknäpfchen mit Kaffeesahne. Auf diese Weise nehmen die Holländer mehr Plätzchen zu sich als jedes andere Volk in Europa. Der einzige Grund, weshalb die Holländer nicht an der Spitze

der Kaffeeverbraucher stehen, kann nur darin liegen,
daß es in Holland immer irgendwo irgend jemanden
geben muß, der die gebrauchten Kaffeebohnen wieder-
verwendet.

Wasser-Sucht

Über vierzig Prozent des holländischen Festlandes liegen
unter dem Meeresspiegel. Dieses Land wurde den Mar-
schen, Flüssen und dem Meer abgerungen. Die Holländer drückt ein beständiges schlechtes Gewissen, so
weitgehend in die Natur eingegriffen zu haben. Einerseits kommt dies der kalvinistischen Seelenverfassung
durchaus entgegen. Die Holländer sind das auserwählte
Volk im Kampf gegen die Naturgewalten, auf ewig einge-
spannt in das tapfere Bemühen, wenigstens den Kopf
über Wasser halten zu können. Andererseits leben sie in
der beständigen Furcht vor einer göttlichen Rache wegen
ihrer Unverfrorenheit. Der Allmächtige straft andere Völker mit Seuchen und Erdbeben, für die Holländer hat er
sich aber etwas ganz besonders Teuflisches ausgedacht:
Überschwemmungen.

Wenn Überschwemmungen drohen, werden diejenigen, die aus den gefährdeten Gebieten fliehen wollen, durch einen Gegenstrom von Schaulustigen aufge-
halten, die sich den Anblick des ansteigenden Wassers
nicht entgehen lassen wollen, was für sie denselben Reiz
hat, wie Massenkarambolagen auf der Autobahn für Angehörige anderer Nationen.

Fahrrad fahren

In den Niederlanden gibt es dreizehn Millionen Fahrräder – also praktisch ein Fahrrad pro Einwohner. Punks, Omas, Studenten und Fabrikdirektoren, sie alle strampeln durch die Städte und besonders am Holländischen Tag des Fahrrades aufs Land hinaus. Das holländische Parlament verfügt eigens über einen Angestellten, der nur für Fahrradreparaturen zuständig ist. An einer holländischen Universität gibt es sogar einen Lehrstuhl für Fahrradfahren.

Das holländische Fahrrad ist eine robuste, schwarze Maschine, auf der man nur in einer Sitz-gerade-und-mach-Männchen-Haltung fahren kann. Dies erinnert mehr an Miss Marple als an die Tour de France. Ein gutes holländisches Fahrrad hat einen Rahmen, der aus Gußeisen zu bestehen scheint, an dem Betriebsteile unterschiedlichsten Alters befestigt sind. Das einzige Teil, das garantiert nicht funktioniert – wenn es so etwas überhaupt gibt, ist die vordere Lampe. Dies ist aber nicht weiter schlimm, denn das oberste Gebot der holländischen Straßenverkehrsordnung lautet, daß Radfahrer immer im Recht sind, selbst wenn sie mitten in der Nacht ohne Licht gegen eine Einbahnstraße fahren. Autofahrer kennen diese Gefahren und geben entsprechend acht.

In der Vorstellung der Holländer ist das Fahrrad eher eine Verlängerung des Körpers als ein Transportmittel. Man verhält sich auf dem Fahrrad, als ob man zu Fuß unterwegs wäre. Verliebte fahren Hand in Hand. Wenn es regnet, spannt man den Regenschirm auf und tritt in die Pedale. Hunde werden ausgeführt, indem sie an der Leine neben dem Fahrrad herlaufen. Kein holländischer

Radfahrer würde jemals daran denken, daß eine rote Ampel oder ähnliche Verkehrszeichen für ihn bestimmt sein könnten. In Holland gibt es strenge Alkoholverbote im Straßenverkehr; dies ist immerhin etwas, was Fahrradfahrer und Autofahrer auf eine Stufe stellt und gegenüber Fußgängern abhebt. Wer als Radfahrer betrunken angetroffen wird, gefährdet damit automatisch auch seinen Führerschein.

Üblicherweise sind Fahrräder für eine einzige Person konstruiert, was die Holländer aber nicht sonderlich stört. Eltern montieren kleine Kindersitze an die Lenkstange und auf den Gepäckträger, um ihre Nachkommenschaft zu transportieren. Holländische Mütter transportieren dann ein Kind vor sich, eines hinter sich und eine große Kiepe mit ihrem Einkauf auf dem Rücken.

Ein stämmiger Schwerathlet, der einen netten Sopran erklingen läßt, verdeckt lediglich seine zierliche Freundin, die singend hinter ihm auf dem Gepäckträger sitzt: Junge Pärchen teilen sehr häufig ein Fahrrad, wobei die Mädchen meist hinten sitzen. Eine frühe Lektion des Erwachsenwerdens besteht darin, daß ein Mädchen lernen muß, wie weit es seine Beine herausstehen lassen darf. Die Verabredungen mit dem ersten Freund führen fast unausweichlich zu zerschundenen Knien.

Sauberkeit

Im 17. Jahrhundert mußte ein britischer Staatsdiener einmal ein holländisches Privathaus besuchen. Es überraschte ihn ungemein, daß ihn das Hausmädchen auf der obersten Treppenstufe der Außentreppe Platz nehmen ließ, ihm die schmutzigen Stiefel auszog und ihn durch die glänzende Eingangshalle in das Empfangszimmer ihrer Herrin trug.

Etwa zur selben Zeit beschwerte sich ein französischer Geistlicher, daß die Holländer lieber verhungern würden als die perfekte Symmetrie des Steingutgeschirrs auf den Regalen und der strahlend sauberen Kupferkessel an den Wänden ihrer Küchen zu zerstören. Nur wenig hat sich seitdem geändert. Nach innen und außen präsentiert sich Holland nach wie vor geschrubbt, gewaschen, poliert und frisch gestrichen. Die Bäume werden auf dem Land in geraden Reihen gepflanzt, und die schwarz-weißen Kühe werden in possierliche Grüppchen arrangiert. Ganze Bataillone von Straßenkehrern und Kehrmaschinen ziehen bei Tag und bei Nacht durch die Städte. In den Häusern wird ebenfalls ständig aufgeräumt und blankgewischt, um dem Idealbild möglichst nahe zu kommen, das die alten Meister wie Vermeer und Saenredam auf ihren Gemälden verewigt haben. Wer diesem Ideal nicht nahekommt, muß sich den Vorwurf gefallen lassen, einen Haushalt »wie bei Jan Steen« zu führen. Der Maler Jan Steen ist berühmt für seine wilden und chaotischen Kneipenszenen.

Um sicherzustellen, daß die Haushalte linientreu geführt werden, gibt es eine Umweltpolizei, die Abfalltüten durchschnüffelt, die außerhalb der vorgesehenen Sammelpunkte oder an Tagen, an denen die Müllabfuhr in dieser Gegend nicht durchkommt, abgestellt sind. Wenn sie einen Hinweis auf den Verursacher finden, muß dieser mit einem bösen Brief, möglicherweise sogar mit einer Geldstrafe rechnen.

Kultur & Medien

Nehmt alles nur von allem

Auf dem Gebiet der Kultur verhalten sich die Holländer
wie Elstern. Sie richten ihre wachsamen Augen stets auf
das, was woanders im Kulturbereich à la mode ist, und
was besonders trendy erscheint, wird umgehend adop-
tiert. Statt sich auf die Entwicklung einer eigenständigen
Kultur zu besinnen, konsumieren die Holländer geradezu
gierig alle Einflüsse von außen. In diesem Sinne sind sie
echte Europäer, ihre Vorliebe für Spleens und Kapriolen
kennt keine Grenzen. Wie von einem Schwamm wird in
den Niederlanden jedwede Art von Multikulti aufgesaugt.

Die Bücherregale in Holland biegen sich unter der Last
der Neuerscheinungen aus England, Deutschland, Amerika und Frankreich, oftmals sogar in der Originalsprache. Ausländische Bücher werden in der holländischen
Presse besprochen, lange bevor überhaupt eine Übersetzung ins Holländische in Auftrag gegeben wird.

Musik aus aller Herren Ländern dröhnt aus den Hi-Fi-
Anlagen. Die Holländer besitzen weltweit pro Kopf die
meisten CDs.

Ob deutsche Theaterstücke oder englische Musicals
gegeben werden – das Publikum strömt massenweise in

die Theater, und vor den Kinos steht man Schlange, um neue italienische oder spanische Filme sehen zu können. Nicht einmal die als typisch holländischen nationalen Zivilisationsprodukte stammen aus dem eigenen Land. Holzschuhe trägt man in Form von Clogs auch in anderen matschigen nördlichen Gefilden, Delfter Geschirr war ursprünglich eine Imitation von chinesischem Porzellan, und die Tulpe wurde aus der Türkei importiert.

Vor etwa dreihundert Jahren, im »goldenen Zeitalter« der holländischen Geschichte und Kunst, als der Markt für Madonnen und Heilige auf Leinwand unter dem Einfluß des Protestantismus ausgetrocknet war, gingen die Maler dazu über, sich selbst zu porträtieren und ihre Umwelt abzupinseln. Diesem Umstand verdankt die Nachwelt detaillierte Einblicke in das Alltagsleben jener Zeit. Seitdem ist es der holländischen Kunst niemals wieder gelungen, so typisch holländisch zu sein.

Der abstrakte Maler Mondriaan zog es vor, das zweite »a« in seinem Namen wegfallen zu lassen, damit es weniger holländisch und mehr französisch klang. Ihn inspirierte die holländische Landschaft zu seinen Bildern mit vertikalen und horizontalen Linien, die rechteckige Felder umschließen. Erst als er nach Amerika auswanderte, standen seine Werke plötzlich hoch im Kurs.

Heutzutage leben in Holland mehr Künstler pro Quadratzentimeter als irgendwo sonst in Europa. In Vorstadtgärten sprießen halb bearbeitet erscheinende, merkwürdige Skulpturen. Öffentliche Gebäude sind mit unbegreiflichen Gemälden ausgeschmückt. In größeren Städten gibt es inzwischen Artotheken, in denen man Originalkunstwerke für den häuslichen Gebrauch ausleihen kann. Dabei handelt es sich meist um Werke von aufstrebenden jungen Künstlern, die von der jeweiligen Gemeinde erworben wurden; eine Art verdeckter Subvention, um den Junggenies ein Auskommen zu sichern.

Entsprechend ihren kommerziellen Traditionen tun sich die Holländer besonders damit hervor, kulturelle Errungenschaften anderer Nationen aufzugreifen und aus ihnen einen Profit zu ziehen. Das Amsterdamer Concertgebouw-Orchester gehörte lange Zeit zu den besten der Welt und erlangte besonderen Ruhm durch seine Aufführungen der Werke Gustav Mahlers, des österreichischen Komponisten.

Derselbe Abenteuergeist und dieselbe Freude an allem Neuen, die einst die Händler der holländischen Ostindischen Kompanie zum Erwerb eines mächtigen Kolonialreiches anspornten, treiben heute Theaterkompanien, Tänzer und andere Künstler an – der Art, daß ein ganzes Ballett von dem Geräusch eines Spülbeckenstopfens, der gerade gezogen wurde und von dem durch das Abflußrohr gurgelnden Wasser inspiriert wird.

Zeitungen & Zeitschriften
Die Holländer sind eifrige Zeitungsleser. Die Zeitungen werden überwiegend im Abonnement bezogen und weniger an Kiosken gekauft. Deshalb werden sie auch eher zu Hause als in Bussen und Bahnen gelesen. Oftmals bleiben Familien einer Zeitung generationenlang treu – vor allem der *Trouw* und *Het Parool*, die aus Untergrund-

zeitungen während der Besatzungszeit durch die deutschen Nationalsozialisten entstanden.

Mit Ausnahme von *De Telegraaf*, einer typischen Boulevardzeitung, sind die meisten Publikationen vernünftig und seriös und nicht sensationslüstern. Die beinahe schon obszöne Neugier, die manche deutsche, vor allem aber englische Boulevardzeitungen beim Publikum so beliebt machen, wird in Holland weitgehend gemieden, da die Wahrung der Privatsphäre über alles geht. Üble Spekulationen und knallige Schlagzeilen sind die Domäne farbiger Schundblättchen, die in Wäschereien, beim Frisör, in Snack Bars und Zahnarztwartezimmern ausliegen.

In den Kaffeehäusern liegen Tageszeitungen und Magazine in Hülle und Fülle aus, oft an eigens dafür aufgestellten Lesetischen. Wer früh genug kommt, kann sich schon über die aktuellsten Themen und Meinungen informieren, bevor während des restlichen Abends darüber diskutiert wird. Wer Zeitungen liest, verhält sich auch *gezellig,* selbst wenn er alleine ist. Niemand beschwert sich, wenn man einen ganzen Nachmittag lang bei einer einzigen Tasse Kaffee dasitzt und alle in dem Café ausgelegten Zeitungen studiert.

Literatur

Die Literatur ist das einzige Gebiet, auf dem eine eigenständige holländische Kultur bewahrt werden konnte, was sich sozusagen dem Inselstatus der niederländischen Sprache verdankt, die für die meisten anderen

Europäer praktisch unverständlich ist. Merkwürdigerweise herrscht auf dieser literarischen Insel ein sehr gesundes kulturelles Klima. Jeder schreibt an einem Roman. Die Produzenten von Unterhaltungssendungen im Fernsehen können auf einen munter sprudelnden Quell neuer Autoren zurückgreifen. Alten Hasen in diesem Genre wie beispielsweise Frederick Hermans gelingt es, Erstauflagen von über 500 000 Exemplaren abzusetzen. Selbst junge Autoren schaffen es häufig, über 10 000 Exemplare ihres Erstlingswerks an den Mann bzw. die Frau zu bringen. Allmählich wird auch die übrige europäische Verlagswelt auf diesen Markt aufmerksam.

Schriftsteller wie Cees Nooteboom und Harry Mulisch sind auch in der deutschen Übersetzung sehr erfolgreich. Die Illustrationen von Simon Carmiggelt bringen dem Leser die holländische *gezelligheid* so nahe wie nur irgend möglich.

Die Holländer beginnen ihre literarischen Streifzüge in fremde Kulturen bereits in zartem Alter. Puh, den Bär, und die Bewohner der Sesamstraße lernen sie zuerst kennen. Sie stehen neben den einheimischen Originalen wie Jip und Janneke, dem Jungen und dem Mädchen, die nebeneinander wohnen und sich erst kennenlernen, als sie ihre Köpfe durch die auf der Grundstücksgrenze gepflanzte Hecke stecken. Jip und Janneke sind zunächst sehr unfreundlich zueinander. Nach und nach lernen sie, was gute Nachbarschaft und gutes Benehmen bedeuten. In den Herzen der Holländer haben sie einen festen Platz erobert, und die Illustrationen mit ihren Abenteuern sind überall zu finden, von Toilettentüren bis zu Kaffeebechern.

Neben Jip und Janneke ist die holländische Kinder-
literatur von zahlreichen weiteren liebenswerten Figuren
bevölkert. Da gibt es einen Jungen, der die Welt rettet,
indem er einen Finger in den Deich steckt, dann gibt es
auch noch Dik Trom, den dicken Jungen auf dem Lande
mit dem goldenen Herzen, der den Armen und Blinden
stets hilft. Selbst wenn Dik nicht besonders gut aussieht
– im Innern, wie seine Eltern jedem gegenüber immer
wieder betonen, ist er ein ganz besonderer Junge, das ist
eine Tatsache. Die Holländer wachsen in dem Glauben
auf, daß sie die europäischen Dik Troms seien.

Feiern & Feste

Die Holländer freuen sich über jeden Anlaß, bei dem sie ihre Flagge heraushängen können. Wichtige Fußballspiele und nationale Feiertage sind die bei weitem beliebtesten Anlässe. Selbst an Straßenbahnen sind Befestigungsmöglichkeiten vorgesehen, in die die Fahrer die Flaggen stecken können. Die meisten Privathäuser haben natürlich auch eine Fahnenstange. Sogar für ein festliches Picknick in einem Park werden Leinen zwischen den Bäumen gezogen und mit bunten Wimpeln geschmückt.

Der fröhlichste Feiertag in Holland ist der *Koninginnedag*, der offizielle Geburtstag der Königin Ende April. Dieses Fest begehen die Holländer mit gutem Geschäftssinn, indem sie einen riesigen Flohmarkt veranstalten. Alle können überall alles verkaufen. Staatsflaggen, kilometerweise orangefarbene Stoffbahnen (die Wappenfarbe der Königsdynastie der Oranier), und bunte Fähnchen schmücken alle Häuser. Cafés verlagern ihren Geschäftsbetrieb auf die Straße, die *gezelligheid* sprengt alle Fesseln, und die Leute feiern den ganzen Tag lang auf der Straße. Auch wenn viele Millionen feiern, geht doch alles nach holländischer Art gesittet zu und jeder weiß, sich zu vergnügen, ohne seinen Nachbarn zu belästigen.

Ganz anders verhält es sich an Silvester und Neujahr, denn da geht es nur darum, so viele Leute wie möglich mit Feuerwerk zu erschrecken. Jugendliche verstecken sich in dunklen Hauseingängen und werfen Passanten Kracher vor die Füße. Spaßvögel bringen ganze Kisten voller Sprengkörper auf einmal zum Explodieren und versuchen, den Knall noch durch Dosen und Flaschen zu verstärken, wobei sie diesen Spaß hin und wieder mit dem Verlust eines Fingers oder eines Auges bezahlen müssen. Um Mitternacht ist das ganze Land von einer dicken Pulverwolke vernebelt, und überall blitzt oder knallt es wie auf einem Schlachtfeld.

Weihnachten hingegen spielt keine allzu große Rolle im Festtagskalender. Bis vor wenigen Jahren kümmerten sich nur wenige Menschen um Christi Geburt. Traditionsgemäß wird hierzulande *Sinterklaas*, der Nikolausabend, prächtig gefeiert. Schon Wochen vor diesem Tag ziehen freundliche, weißbärtige Nikolause durch die Niederlande. Sie haben ihren Knecht, den schwarzen Peter, im Schlepptau. Der schwarze Peter ist üblicherweise ein Weißer mit dicken Lagen schwarzen Make-ups, einer schwarzen Lockenperücke und dick gemalten roten Lippen. Den Kindern wird erzählt, daß der schwarze Peter nachts kommt und die unartigen Kinder abholt. Erstaunlicherweise sieht niemand etwas Gefährliches oder Beleidigendes in diesen Geschichten. Selbst die Diskussionspartner in Talkshows, die sich mit allen Aspekten von Diskriminierung und Rassismus beschäftigen, beugen sich dieser Tradition. Versuche, diesen Brauch zu unterwandern, indem ein weißer Peter (ein Farbiger mit einem weißen Make-up), ein grüner Peter (die Umweltlobby) oder ein pinkfarbener Peter (ein Homosexueller) mit dem Nikolaus umherzieht, sind in der Regel gescheitert.

Am Abend des 5. Dezember versammeln sich die holländischen Familien, essen zähe Lebkuchen und andere *Sinterklaas*-Speisen und beschenken sich gegenseitig. Diese Geschenke sind bescheiden, nicht teuer und haben meist irgendeinen Bezug zum besonderen Charakter oder Verhalten des Beschenkten. Sie werden mit einem Gedicht überreicht, das sich der Schenker ausgedacht hat und das Geschenk in einen Zusammenhang zu dem Beschenkten bringt. Weniger hartgesottene Völkerschaften würden annehmen, daß der Beschenkte in Tränen ausbricht, wenn er einen Deodorantstift mit einem hübsch gereimten Gedicht über seine Körperpflegegewohnheiten geschenkt bekommt. Nicht so die aufrechten Holländer, sie können einen guten Scherz zu jeder Zeit wegstecken.

Private Feiern
Einer von fünf Holländern führt ein Singledasein. Paare leben oftmals einfach nur zusammen, ohne eine gesellschaftliche Diskriminierung befürchten zu müssen. Zwar wird die Ehe durchaus als akzeptable Lebensform gesehen, doch die meisten holländischen Eltern sähen es lieber, wenn ihre Kinder mit einem anderen Menschen erst einmal so zusammenleben, als wenn sie zu früh heira-

ten. Wenn sich ein junges Paar entscheidet, zu heiraten, heiratet es oft zweimal. Eine standesamtliche Trauung von Staats wegen und eine kirchliche wegen der Show. Es gibt auch zwei verschiedene Feiern, ein formelles Abendessen für alle Gäste und im Anschluß daran eine wilde Fete für besonders liebe Freunde. Wie auch in vielen anderen Bereichen des holländischen Lebens gehen hier Anstand und Ausgelassenheit Hand in Hand.

Die holländische Geradlinigkeit verlangt natürlich auch, auf der Einladung zur Hochzeit zu vermerken, ob sie auch für die zweite Feier gilt. Hier muß das junge Paar die qualvollste Entscheidung treffen, die ihm im Laufe seines Lebens abverlangt wird. Auf diese Weise kann man Menschen, die sich als enge Freunde betrachteten, für den Rest des Lebens aus den Augen verlieren, weil sie auf der zweiten Gästeliste nicht auftauchen.

Ein holländisches Sprichwort besagt, daß eine Hochzeit mit Glanz beginnt und in der Unterwäsche endet. Das bezieht sich nicht so sehr auf die glücklichen Brautleute, sondern eher auf die Gäste der zweiten Feier. Wenn der Alkohol zu strömen – und nicht nur zu fließen beginnt, man zusammen singt und sich die verrücktesten Tänze ausdenkt, wird dieses Fest zum Bacchanal. Von Zeit zu Zeit ziehen sich kleine Gruppen der Gäste zurück und treten dann plötzlich kostümiert auf, um einen lustigen Sketch vorzuführen. Als Zielscheibe dieser Aufführungen dienen die schlechten Gewohnheiten der Eheleute, ihre wunderlichen Eigenschaften sowie ihre früheren Liebschaften.

Verständlicherweise geht es auf Beerdigungen etwas gesitteter zu, auch wenn die Stimmung hierbei nicht übertrieben fromm ist. Die Angehörigen und die Freunde begeben sich zum *Uitvaartcentrum* (wörtlich: Abfahrtszentrum), von wo der Verstorbene seinen letzten Weg mit Musikuntermalung antritt (zum Klang von Liedern wie *My Way* oder den Songs Mieke Telkamp, einer holländischen Schlagersängerin, deren Hits oben in den Charts stehen). Anschließend versammelt man sich im Vorraum bei Kaffee und *einem* Stück Kuchen.

Die einzige unverzeihliche Sünde, die man nach dem holländischen Sittenkodex begehen kann, ist, jemandes Geburtstag zu vergessen. In jeder holländischen Toilette ist ein Geburtstagskalender aufgehängt, damit die Bewohner sichergehen können, den Ehrentag von Verwandten und Freunden nicht zu vergessen.

Geburtstage sind die Angelpunkte des privaten Festtagskalenders eines Holländers und das Ritual, mit dem sie begangen werden, ist stets dasselbe. Enge Freunde und die Familie werden zum Kaffee eingeladen. Die Gäste bringen Blumen und manchmal auch ein kleines Geschenk mit. Es wird erwartet, daß man in einer netten Runde sitzt, Konversation betreibt, Kaffee trinkt und sein Stück Kuchen verzehrt. Diese Erwartungen werden in der Regel auch nicht enttäuscht. In Anbetracht des besonderen Anlasses kann es sogar passieren, daß ein zweites Stück Kuchen angeboten wird. Als Dekoration werden bunte Luftschlangen und Wimpel verwendet. Wenn ein Glas Portwein oder Sherry serviert werden, ist dies für die Gäste das Signal zum baldigen Aufbruch.

Essen & Trinken

Leckeres Essen

Erasmus von Rotterdam, der große Humanist und Schriftsteller des 16. Jahrhunderts, stellte fest, daß seine Landsleute keinen ernsthaften Lastern verfallen sind, außer daß sie gerne für ihr Vergnügen leben, besonders für Festgelage. Auch vier Jahrhunderte später ist es erstaunlich, wieviel die Holländer essen und trinken können. In der holländischen Küche ist die Quantität mindestens ebenso wichtig wie die Qualität. Das Nationalgericht *hutspot* (Gemüsesuppe mit Hammelfleisch) ist ein lange gekochter Eintopf, der den hungernden Einwohnern von Leiden nach einer Belagerung ausgeteilt wurde. Auch heute noch ist ein ähnlicher Zustand langanhaltender Magenleere erforderlich, bevor man dieses Gericht wirklich genießen kann.

Das holländische Frühstück besteht aus Kaffee im Überfluß, Brot, Käse, Schokoladenraspeln, die auf das Brot gestreut werden und beim Abbeißen unweigerlich über den ganzen Tisch verstreut werden und schließlich noch einer weiteren Tasse Kaffee. Das Mittagessen besteht aus Kaffee und *broodje* – einem Sandwich aus Brotteig, das mit Käse oder Schinken belegt ist; wird es mit dem Zusatz *gezond* (gesund) angeboten, so wird dem cholesterinreichen Käse ein Salatblatt und hartgekochtes Ei hinzugefügt.

Zwischen den Mahlzeiten gibt es mindestens eine oder zwei Kaffeepausen. In der Mittagspause trifft man sich oft mit Freunden auf eine Tasse Kaffee, dazu wird dann gerne etwas *gebakje* genommen, meist ein Stück Apfelkuchen mit Schlagsahne. Es fällt auf, daß in dem Land der Milch und des Käses nur eine sehr wäßrige und gehaltlose Sahne angeboten wird, die meist zu einem geschmacklosen Schaum aufgeplustert wurde. Das Abendessen wird zwischen sechs und sieben Uhr sehr früh serviert, damit man anschließend noch Zeit hat, für ein Bier oder eine Tasse Kaffee in das Café an der Ecke zu gehen.

Zwischen den Mahlzeiten und den Zwischenmahlzeiten verschlingen die Holländer große Mengen Kartoffelchips, die in Mayonnaise getaucht werden. Wenn sie aber wirklich hungrig sind, essen sie die Chips *oorlog* (wörtlich: Krieg) d.h. mit Mayonnaise, Ketchup und anderen Würzsaucen übergossen. Man kann natürlich auch an einem der vielen Imbißstände am Straßenrand stehenbleiben und rasch einen rohen Hering verzehren. Man ißt ihn, indem man den Kopf in den Nacken legt, das ganze Filet am Schwanz festhält und es in den Schlund gleiten läßt.

Die meisten Ausländer verkneifen sich diese Delikatesse.

Gemüsemord

Bei den nordeuropäischen Völkerschaften scheint allgemein die Auffassung zu bestehen, daß man Gemüse in jeder Hinsicht vergewaltigen kann, wobei alle erdenklichen Küchenwerkzeuge zum Einsatz kommen können. Die Belgier fritieren, die Deutschen legen ein, die Engländer kochen es zu Tode und die Holländer pürieren. Insbesondere Kohlsorten und Kartoffeln, aber auch Chicoree und Erbsen enden alle zusammen zerstampft in einem äußerst sättigenden *stamppot*. Diese Masse hat eine weißlich-graue Farbe mit einigen grünlichen Einschlüssen und die Konsistenz erinnert an halb erstarrten Zement. *Stamppot* wird normalerweise mit etwas Fleischlichem in Form eines riesigen Klumpens serviert.

Diese vorherrschende Abneigung gegen Gemüse in seiner natürlichen Form deutet auch darauf hin, daß in der holländischen Küche keine Mahlzeit als komplett gilt, wenn es kein Fleisch dazu gibt. Sogar in der Erbsensuppe, die so dick sein sollte, daß der Löffel darin stehen bleibt, treiben Würstchen und Speckstückchen. Fisch hat denselben Stellenwert wie Gemüse. Im vegetarischen Teil einer holländischen Speisekarte werden in den meisten Fällen auch einige Fischgerichte angeboten. Wenn in Holland nach den Wünschen für das Abendessen gefragt wird, ertönt die beinahe stereotype Antwort: »Broccoli« oder »Spinat«. Die Wahl des Gemüses bestimmt also die Zusammenstellung des Abendessens. Daß es auf jeden Fall Fleisch geben wird, steht überhaupt nicht zur Debatte.

Nicht einmal Salate entkommen dem Prozeß des Zerkleinertwerdens. Ein holländischer Salat besteht zu 90 %

aus Kartoffeln und Mayonnaise. Die restlichen 10 % geben dem jeweiligen Salat dann den Namen, aber kein Aroma. Deshalb erscheinen die meisten Salate cremig weiß und lassen sich nur anhand der Artikelbezeichnung voneinander unterscheiden.

Erst seit kurzer Zeit gibt es bahnbrechende Neuerungen. Dem farblichen Einerlei wurde ein aggressives Gelb hinzugefügt. Hierbei handelt es sich um einen Hühner-Curry-Salat. Inzwischen gibt es auch noch ein alarmierendes Karmesinrot, das in Form eines amerikanischen Fleischsalates das Farbspektrum belebt.

Fremde Einflüsse

Auch in der holländischen Küche haben sich inzwischen – wie in der holländische Kultur – Innovationen nach dem Motto: »Nehmt alles nur von allem« bemerkbar gemacht. Die französische Küche wurde zuerst auf gute Ideen hin geplündert. Dann kamen die ehemaligen Kolonien in Indonesien an die Reihe, schließlich die mediterranen und orientalischen Länder. In der neuen holländischen Küche werden dem verwöhnten Gaumen nunmehr solche Spezialitäten wie Safran- Tagliatelle mit Shiitakepilzen in einer Frischkäsesauce oder Schweinefleisch im Erdnußmantel serviert.

Tapfere ausländische Restaurantbetreiber zögerten indes nicht, zur Revanche auszuholen, und zwar durchaus mit Erfolg. Es gibt massenweise ethnische Restaurants, die sich großen Zulaufs erfreuen, sofern sie sich dem holländischen Geschmack angepaßt haben. Curries unterscheiden sich von dem üblichen Eintopf nur in der Farbe. Küchenmeister wie die Japaner, deren Spezialitäten eigentlich nur in sparsamer Ausführung auf den Teller kommen, haben gelernt, daß die Qualität ihrer Speisen mit der zunehmenden Größe der Portionen immer mehr Anerkennung findet und daß es zum Erfolg eines Restaurants beiträgt, wenn man auch etwas aus Rindfleisch auf der Karte anbietet. Die *Nouvelle Cuisine* wurde in Holland niemals als die große Bereicherung gefeiert. Deren minimale Portionierungen hatten den bei Holländern voraussagbaren Nachteil, und überdies erschien diesen geldbeutelbewußten Küstenbewohnern das Preis-/Leistungsverhältnis in einem eher bedenklichen Licht.

Unter allen fremdländischen kulinarischen Importen erfreut sich die indonesische *rijstafel* bei weitem der größten Beliebtheit. Selbst eine oder zwei Personen bekommen geradezu ein Bankett aus Reis mit einer großen Menge zusätzlicher Leckereien, die dem holländischen Instinkt für Festgelage sehr entgegenkommen.

Trinken

Wenn die Holländer ausnahmsweise einmal nicht Kaffee trinken, können sie unfaßbare Mengen von Bier zu sich nehmen, auch wenn man dabei auf Vornehmheit bedacht ist, und Biertulpen benutzt, die in ein, maximal zwei großen Zügen geleert werden können. Fachleute kippen gleichzeitig mit dem Bier noch ein Glas Gin. Diese Kombination wird *kopstoot* (Kopfnuß) genannt.

Jenever, der Vorfahre des britischen Gin, wurde von einem holländischen Arzt als harntreibendes Mittel erfunden und besitzt noch immer einen unangenehmen medizinischen Beigeschmack. Er wird in kleinen bis zum Rand gefüllten Gläsern serviert, so daß man den ersten Schluck nur zu sich nehmen kann, indem man sich mit dem Kinn der Tischplatte nähert und etwas Flüssigkeit abschlürft. Der Rest wird dann in einem Zug die Kehle heruntergekippt.

Mit etwas Glück bekommt man einen *Amsterdammetje:* Wenn der letzte Rest in einer *Jenever*-Flasche nicht mehr für ein Glas ausreicht, bekommt man dies kostenlos und muß nur den Inhalt des nächsten Glases bezahlen. *Jenever* gibt es in mehreren Geschmacksrichtungen: *oud* (alt und ausgereift) oder *jong* (jung und scharf) und manchmal mit Zitronen- oder Brombeeraroma.

Advocaat ist eher ein exzentrisches Getränk, an das man sich gewöhnen muß. Es handelt sich hierbei um eine Art alkoholischen Pudding, der aus rohen Eiern und Cognac hergestellt wird. Er wird zwar in einem Glas serviert, aber es ist einfacher und effektiver, ihn mit einem Löffelchen zu sich zu nehmen. Eigentlich sollte man darin eher eine Sauce zu Eis oder Nachtisch sehen.

Am liebsten trinken die Holländer in sogenannten »braunen Cafés«. Sie haben ihre Namen durch die in Jahrzehnten von Tabakrauch nikotinfarbenen Wände erhalten. An kalten Wintertagen wärmen die Holländer ihr Blut mit einem kurzen Besuch in einem *proeflokaal.* In diesen Häusern, die zu jedem *jenever*-Händler gehörten, konnte man früher kostenlos die Qualität des *jenever* probieren. Heutzutage muß man zwar bezahlen, aber an der Prozedur hat sich wenig geändert: Der Gast betritt die Schankstube, trinkt, bezahlt und geht.

Gesundheit & Körperpflege

Unzählige Tassen Kaffee, häufiger Kuchen- und Gebäck-
genuß, viel fetter Käse fordern in Arterien und Venen
ihren Tribut. Obwohl der Herzinfarkt noch immer
Hollands Todesursache Nummer eins ist, sind die Holländer doch ein zähes Völkchen. Ihre durchschnittliche
Lebenserwartung liegt deutlich über der ihrer europäischen Nachbarn. Sie führen dies auf die von ihren bäuer-
lichen Vorfahren ererbte robuste Gesundheit zurück und
hauen weiterhin tüchtig rein.

Dem Zustand ihrer Zähne hingegen schenken sie
große Beachtung. Ihre Gesundheit, ihre Erhaltung und
die Kosten für eventuell anfallende Reparaturen machen
dem Fußball und dem Wetter als Lieblingsgesprächs-
themen echte Konkurrenz.

Zahnärzte bohren und füllen. In jeder Zahnarztpraxis
arbeitet aber auch noch ein Fachmann für Mundhygiene.
Seine Aufgabe besteht darin, die altehrwürdigen holländischen Aktivitäten wie Schrubben, Kratzen, Schmirgeln
und Polieren an den Zähnen auszuüben. Das verteuert
den Zahnarztbesuch natürlich ungemein, und die Kran-
kenversicherung übernimmt nicht die vollen Kosten. All
diese Bemühungen verhelfen den Holländern aber nicht

zu einem strahlenden, funkelnden Lächeln im amerikanischen Stil. Ebenso wie bei ihrem Kampf gegen die See dient auch dieses Bemühen lediglich dem Ziel, alles sauber und intakt zu halten.

Holländische Ärzte glauben an die angeborene robuste Konstitution ihrer Patienten. Bei den meisten Unpäßlichkeiten raten sie, der Natur ihren Lauf zu lassen und dem Körper zu erlauben, sich selbst zu helfen. Holländerinnen nehmen eine ähnlich natürliche Haltung zur Geburt ein. Heutzutage wird noch immer etwa die Hälfte aller Babys zu Hause auf die Welt gebracht. Nur die wenigsten Mütter nehmen vor der Geburt Betäubungs- oder Schmerzmittel ein. Sollte eine Mutter doch in einem Krankenhaus entbunden haben, wird sie spätestens nach einem oder zwei Tagen wieder nach Hause geschickt. Die Natur und die Weltgesundheitsorganisation bestätigen: Holland ist eines der sichersten Länder, um ein Baby zu bekommen.

Körperpflege

Auch wenn die Holländer sich stundenlang mit dem Putzen ihrer Häuser beschäftigen, mit ihrer Körperpflege möchten sie nicht allzu viel Zeit verschwenden. Sie bevorzugen die Dusche gegenüber der Badewanne. Zum einen ist man schneller fertig, zum anderen ist das Duschen billiger. Badezimmer sind gewöhnlich klein. Deshalb ist es oftmals möglich, Dusche und Toilette gleichzeitig zu benützen, was noch mehr Zeit spart. Manchmal ist nicht einmal der Platz für ein Waschbecken vorhanden. Die Menschen sind dann gezwungen, sich über dem Küchenwaschbecken zu rasieren und ihre Zähne zu putzen. In einem holländischen Haushalt stellt dies allerdings kein Problem dar, da niemals irgendwo schmutziges Geschirr herumliegt.

Das Zähneputzen ist der einzige Akt der Körperhygiene, bei dem man länger verweilt. Der größere Zeitaufwand münzt sich schließlich direkt in eine Reduzierung der enormen Zahnarztrechnungen um. Ein ganzes Arsenal von Bürsten, hölzernen Stäbchen, Spiegelchen an Stielen und Metallkratzern kommt im Kampf gegen Plaque und Koffeinbeläge zum Einsatz. Diese Utensilien werden neben den Flaschen mit homöopathischer Medizin, die übrigens von den Krankenversicherungen bezahlt werden und der Natur einen Schubs geben sollen, wenn die körpereigenen Abwehrkräfte nicht so schnell wie möglich Abhilfe schaffen, verwahrt. Ein sonderbarer Trank oder eine erstaunliche Salbe sind ebenso wie die Gene, die für die Gesundheit sorgen, von den ländlichen Vorfahren ererbt. *Uierzalf* – Melkfett – eigentlich für die Anwendung im Stall für den gleitenden Kontakt zwischen menschlichen Händen und Kuheutern gedacht, ist im holländischen Haushalt eine Creme, die gerne und für viele Zwecke zum Einsatz gebracht.

Organisationen & Institutionen

Das Leben der Holländer verläuft in ruhigen und effizienten Bahnen. Züge verkehren pünktlich, die Straßen sind sauber, und Briefe werden am Tag nach der Aufgabe zugestellt. Alles geschieht ohne großes Getue, so muß es eben sein. Anders als die Deutschen machen sich die Holländer nichts daraus, dies ständig auch noch an die große Glocke zu hängen. Und anders als in Großbritannien werden solche öffentlichen Dienste nicht von den Zwängen irgendwelcher Traditionen behindert. Eine gut geölte Organisation macht das Leben *gezellig*. Hierfür ist man dann auch bereit, den entsprechenden Preis zu zahlen. Und wenn sich etwas auf anderen als auf den eingefahrenen Geleisen leichter bewerkstelligen läßt, ist man gerne bereit, traditionelle Wege zu verlassen.

Respektable Bürger führen ihr Leben zu Hause wie auch in der Öffentlichkeit sehr ehrbar. Man vertraut ihnen, wenn sie ihr Obst und Gemüse im Supermarkt selbst verpacken und abwiegen, ohne eine zusätzliche Tomate oder eine Handvoll Pilze nach dem Wiegen in die Tüte zu füllen. In Bars müssen sie nicht jedes einzelne Getränk bezahlen, sondern sie bekommen eine Gesamtrechnung, denn man nimmt nicht an, daß sie zwischendurch klammheimlich verschwinden. Sie zahlen auch ohne viel Verdruß ihre Steuern und entwerten ihre Fahrscheine in öffentlichen Verkehrsmitteln. Wer dieses Vertrauen bricht, muß damit rechnen, daß nicht lange gefackelt wird; gesellschaftliche Mißbilligung und juristische Ahndung folgen auf dem Fuß. Schwarzfahrer, die ohne gültigen Fahrschein aufgegriffen werden, müssen sofort eine Strafgebühr entrichten, die etwa das zwanzigfache eines einfachen Fahrpreises beträgt. Wenn ein solcher Übeltäter das Geld nicht sofort aufbringen oder sich nicht ausweisen kann, werden die Türen geschlossen und so lange gewartet, bis die Polizei erscheint. Respektable Bürger verurteilen dieses Verhalten um so mehr, als sie selbst durch diese Verzögerung zu spät kommen und durch die Unpünktlichkeit das gesamte Getriebe behindert oder gehemmt wird.

Die nicht so offene Straße

Da Holland relativ klein und eigentlich übervölkert ist, müssen Straßen dorthin gequetscht werden, wo es eben geht. Alle paar Meter stehen ein Verkehrszeichen oder eine Ampel, was die Fahrt durch eine Stadt zu einem regelrechten Stakkato von *stop and go* werden läßt. Überall sind Wegweiser aufgestellt, die auf weiter entfernte Ziele deuten. Die Holländer lassen sich hiervon nicht verwirren. Wenn sie sich einmal in dieses Knäuel von Straßen begeben haben, wissen sie, daß sie auch einmal über kurz oder lang an ihrem Ziel ankommen werden. Wenn sie einmal eine Abfahrt verpassen, können sie sicher sein, daß die nächste bald folgen wird. Nebenbei gesagt, ist das gesamte Land so klein, daß es in derselben Zeit durchquert werden kann, die Londoner oder Berliner üblicherweise täglich für ihren Weg zur Arbeit benötigen.

Schule & Universität

Weniger als ein Drittel der Schulkinder besuchen öffentliche Schulen. Die übrigen gehen in Schulen, die zu einer der drei *zuilen* des Staates gehören – protestantische, katholische oder Montessori / alternative Lehranstalten. Obgleich diese Bildungseinrichtungen unter privater Leitung stehen, erhalten sie Subventionen. Alle Kinder müssen dieselben (staatlichen) Abschlußprüfungen ablegen. Die Vorstellung durch Privatschulen eine Elite heranzuzüchten ist für ein Land, in dem der Gleichheitsgedanke und folglich die Chancengleichheit eine so überragende Rolle spielen, ein Greuel.

Bereits sehr früh werden Spezialisierungen der Kinder gefördert. In dem Augenblick, in dem sie die Grundschulen abgeschlossen haben, werden die Kinder Bildungszweigen zugeordnet, die entweder auf ein Hochschulstudium oder auf Berufsausbildungswege gerichtet sind. Holländern ist eine gute Ausbildung sehr wichtig. Sie sehen in ihr den ersten Schritt für die Kinder, um später eine bestimmte Stellung in der Gesellschaft einzunehmen, die Last harter Arbeit auf sich zu nehmen und dafür gerecht entlohnt zu werden.

Diejenigen, die einen Universitätsabschluß erlangt

haben, prahlen niemals damit. Sie sind aber sehr stolz, wenn sie ihrem Namen auf Briefköpfen und Visitenkarten ein Drs. (für: *Doctorandus* – nicht zu verwechseln mit »Dr.«, der nur durch eine Promotion erlangt werden kann) voranstellen können.

Die Holländer haben gute Gründe, sich als gebildetes Volk zu betrachten: Mehr als 20% haben einen Hochschulabschluß (in Frankreich lediglich 14% und in Portugal nur 4%). Wenn man sich mit Holländern über die Werke von T.S. Eliot, Nietzsche oder Proust unterhält, ist es nicht unwahrscheinlich, daß sie sie in der Originalsprache gelesen haben, zumindest sind sie davon überzeugt, diesbezüglich eine fundierte Meinung vertreten zu können.

Im Jahre 1996 wurde die Wehrpflicht in den Niederlanden abgeschafft. Rechtsanwälte, die sich in den Jahren zuvor darauf spezialisiert hatten, junge Männer vor dem militärischen Zugriff zu bewahren, haben dadurch eine üppig sprudelnde Einnahmequelle verloren. Andererseits hat sich die Armeeführung listigerweise die Gelegenheit nicht entgehen lassen, all die laschen Dienstvorschriften zu widerrufen, aufgrund deren es den Soldaten erlaubt war, lange Haare und Ohrringe zu tragen. Selbst in diesem Bereich haben es die Holländer fertiggebracht, ihrem Widerwillen gegen alles allzu Vorschriftsmäßige eine gewisse Pointe hinzuzufügen: Als eine Art Andenken erhielt jeder der zuletzt eingezogenen Wehrpflichtigen einen Walkman mit einer Kassette, auf der ein Befehle bellender Feldwebel zu hören ist.

Bankwesen

Die Holländer sehen es gerne, wenn ihr Geld nicht sichtbar ist. Sie runzeln die Stirn, wenn jemand mit Geldscheinen herumwedelt. Rechnungen werden bezahlt, persönliche Schulden zurückgezahlt, Spenden werden gerne diskret von einem auf ein anderes Konto überwiesen, statt mit Bargeld oder mit Schecks. In einigen Banken stopfen die Schalterbeamten den schmierigen Profit in eine Kapsel, sobald sie seiner habhaft werden. Mittels einer Rohrpost wird er dann unauffällig in einen stillen Winkel des Bankgebäudes verschickt. Das Electronic-cash-System ist in Holland mit großer Begeisterung angenommen worden. Im Jahre 1990 wurden nur 3 000 000 Zahlungen auf diese Weise abgewickelt, 1994 bereits über 200 000 000.

Wenn eine Zahlung aber doch einmal bar abgewickelt werden muß, muß aber das visuelle Empfinden der Holländer befriedigt werden. Die Niederlande haben die schönsten Banknoten der Welt. Sie sind phantasievoll mit Sonnenblumen, Vögeln und einem ganzen Spektrum bunter Farben geschmückt. Daneben weisen sie noch eine praktische Besonderheit auf: Für Blinde wurden Erhebungen eingeprägt, damit sie den Wert einer Banknote erkennen können. Man sollte eben nie mehr ausgeben, als unbedingt nötig, vor allem nicht irrtümlich.

Staat & Verwaltung

Anders als etwa in Italien, Frankreich oder England, wo die Staatsmänner eine vom Volk distanzierte und nur ihre eigenen Interessen verfolgende und daher mit tiefer Skepsis betrachtete »politische Klasse« bilden, respektieren die Holländer ihre Politiker in der Regel und vertrauen ihnen sogar. Die holländischen Fernsehmoderatoren verhalten sich im Gegensatz zu den anarchistischen BBC-Tigern wie brave Lämmchen. Kabinettsminister und Bürgermeister üben eine enorme exekutive Gewalt aus, aber die Holländer sehen sie als »einen der ihren«, ein wichtiges Zahnrad in einer egalitären Maschine.

Überraschenderweise regiert die holländische Königin in einem Land, in dem Demokratie und Gleichheitsbestrebungen ein so großes Gewicht haben, mit einem nicht zu unterschätzenden Einfluß. Sie ist keine Monarchin, die nur hübsch zurechtgemacht überall auftreten muß, um Bänder durchzuschneiden oder Sektflaschen an Schiffsrümpfe zu werfen. Sie erscheint täglich zur Arbeit und genießt breites Ansehen.

Die Minister des Kabinetts werden von der Königin ernannt und haben zwar das parlamentarische Rederecht, dürfen aber nicht abstimmen. Das holländische Parlament wird Generalstaaten genannt und besteht aus einem gewählten Unter- und Oberhaus. Der Gesetzgebungsprozeß beginnt von oben her mit dem jeweils zuständigen Kabinettsminister und wird schließlich vom Parlament bestätigt. Diese Richtung von oben nach unten wird häufiger eingeschlagen als die umgekehrte.

In den Städten konzentriert sich die Macht bei den Bürgermeistern, die eher ernannt als gewählt werden.

Politik

Es gibt ein Sprichwort, das besagt, wenn man zwei Holländer in einen Raum sperrt, beginnt eine Debatte; wenn man ihnen einen Dritten zugesellt, werden sie eine Kirche oder eine politische Partei gründen. Die holländische Toleranz und der Glaube, daß jedem Gehör geschenkt werden sollte, haben dazu beigetragen, daß sich in den Niederlanden eine unglaubliche Vielzahl von politischen Parteien gebildet hat. Das Verhältniswahlsystem hat zur Folge, daß viele Parteien Sitze im Parlament einnehmen können. Der Generalstaaten ist jedoch kein Zankverein. Die Parlamentsmitglieder verbringen ihre Zeit nicht damit, sich gegenseitig an die Gurgel zu gehen, sondern sie beschäftigen sich mit solch altehrwürdigen Praktiken wie Verhandlungen, Kompromißfindung und der Bildung von Koalitionsregierungen.

Bürokratie

Für den Mann auf der Straße werden Verständnis- und Verhandlungsbereitschaft durch eine einzige Phrase abrupt beendet: »*Dat kan niet*« (Das ist nicht möglich). Wenn sie diese Worte hören, wissen die Holländer, daß der Zeitpunkt gekommen ist, aufzugeben und nach Hause zu gehen. *Dat kan niet* ist die ultima ratio subalterner Beamter und eingefleischter Bürokraten.

Wie die Armeen, so ziehen auch die Staatsverwaltungen in der ganzen Welt immer wieder denselben Menschenschlag an. Holländer, denen die Vorliebe ihrer Landsleute zur Flexibilität wesensmäßig nicht entspricht, träumen von einem Job in den Korridoren anonymer Macht. Wenn sie sich etwas in den Kopf gesetzt haben, dann tun sie alles, um es zu erreichen. Sie lernen jeden Trick, verschanzen sich hinter Verwaltungsvorschriften und legen ihre Fallstricke aus. Wenn man sie bei einer kleinen Unaufmerksamkeit ertappt oder versucht, ein Fünkchen Rationalität in die Angelegenheiten zu bringen, die man mit ihnen zu erledigen hat, reden sie sich auf »*Dat kan niet*« heraus, und die Sache ist für sie erledigt.

Verbrechen & Strafe

Den Holländern ist es gelungen, zwei Eigenschaften miteinander zu vereinbaren, die sich bei andern Völkern auszuschließen scheinen: regulierte Effizienz und *laissez faire*. Die Italiener brechen ohne mit der Wimper zu zucken jede Regel, die ihnen im Weg steht, die Deutschen halten sich in ihrem Ordnungswahn geradezu obsessiv daran. Die Engländer streiten sich endlos über irgendwelche Kleinigkeiten von Vorschriften und befolgen sie dann bis aufs Komma genau. Die Holländer hingegen erlassen ein Gesetz, wenn es angeraten erscheint, dies zu tun. Ebenso beherzt ignorieren sie es, wenn seine Befolgung nicht mehr angeraten erscheint. Die öffentliche Verwaltung hat ein blindes Auge und einen beständigen Muskelkrampf im Nacken, so daß sie diese »Übertretungen« nicht zur Kenntnis zu nehmen braucht.

Entgegen einem modernen Aberglauben ist der Handel mit Marihuana auch in Holland nicht legal. Dies und viele andere Aktivitäten werden *gedoogd* – sie sind zwar illegal, aber in bestimmten überschaubaren Grenzen geduldet, um die Kriminalität und die sie begleitenden Folgeerscheinungen zu reduzieren. Holländer sind der Auffassung, daß es besser sei, sich auf ein kleines Übel einzulassen, um damit einen größeren Schaden zu vermeiden. Indem sie die Schleusen öffnen, lassen sie einerseits Meerwasser auf ihr Land fließen, andererseits wird dadurch ein erheblicher Druck von den Deichen genommen, so daß sie länger standhalten. Aus derselben Überlegung heraus lassen sie einige läßliche Sünden zu, um nicht von der Sintflut überrollt zu werden.

Für die meisten Holländer ist es eine Sache des gesunden Menschenverstandes, daß es Prostituierten erlaubt sein muß, ein anerkanntes Gewerbe zu betreiben, um sie vor Zuhältern zu schützen und ihnen ungehindert den Zugang zu kostenlosen ärztlichen Untersuchungen zu ermöglichen. In Holland liegen sich die Prostituierten also nicht mit Moralaposteln oder dem Gesetz in den

Haaren, sondern mit Feministinnen, denen jeglicher Umgang mit Männern suspekt ist.

Als die holländische Steuerbehörde beschloß, der illegalen Beschäftigung in Bars und Cafés ein Ende zu bereiten, veröffentlichten die Inspektoren im Sinne des Fair play die Daten ihrer Razzien weit im voraus. Dies ermöglichte es Schmalspurschwarzarbeitern rechtzeitig unterzutauchen. Größere Unternehmen, die ihre Geschäftsbücher in einem erheblichen Umfang frisieren und diese Tatsache dann nicht mehr vertuschen können, fliegen natürlich bei solchen Aktionen auf.

Die Polizei

Die holländische Polizei rekrutiert ihr Personal aus Angehörigen aller Hautfarben und beider Geschlechter. Sie sind meist zu zweit unterwegs und tragen schicke Bomberjacken und Hosen im Jeansschnitt. Oft sieht man sie auf Mountain-bikes, manchmal zu Pferd. Meist sind sie nicht weit, halten sich aber im Hintergrund.

Jedermann ist so damit beschäftigt, sich nachbarlich, tolerant, *gezellig* oder ganz allgemein gut gesittet zu verhalten, daß die Polizei meist nicht so recht weiß, was sie tun soll. Zu ihrem Verdruß geschieht es in manchen Städten immer wieder, daß die *Stadswacht* in ihre Machtbefugnisse eingreift.

Die *Stadswacht* ist unbewaffnet und weniger modisch als die Polizei eingekleidet. Ihre Aufgabe besteht darin, dafür zu sorgen, daß sich jeder nachbarlich, tolerant, *gezellig* und ganz allgemein gut gesittet verhält. Die *Stads-*

wacht ist eine moderne Variante der alten Nachtwache. Sie rekrutiert sich weitestgehend aus Langzeitarbeitslosen, denen eine Uniform angezogen, ein Gehalt angewiesen und Verantwortung übertragen wurde. Auf diese Art wurden – für Holland typisch – zwei Fliegen mit einer Klappe geschlagen. So hat die Polizei genügend Zeit, Räuber & Diebe, Mörder und Drogendealer zu fassen.

Die großzügige Einstellung der Holländer gegenüber Cannabis erstreckt sich nicht im geringsten auf harte Drogen. Sie zieht aber Drogentouristen in die Niederlande. Obgleich die Holländer im europäischen Vergleich die niedrigste Rate von (»harten«) Drogenabhängigen haben, müssen gerade die Großstädte sich sehr mit den Problemen der sogenannten Beschaffungskriminalität herumschlagen (zum Beispiel Diebstähle, um sich ein paar Gulden zum Drogenkauf zu beschaffen). Entsprechend der holländischen Art, beide Seiten eines Problems zu sehen, veranlaßte die Polizei eine Gesetzesinitiative, wonach es gesetzlich verboten ist, ein Auto unverschlossen oder mit einem Zündschlüssel im Zündschloß abzustellen.

Fahrraddiebstahl ist eine allgemein übliche Freizeitbeschäftigung. Die Holländer geben mehr Geld für starke, angeblich nicht zu knackende Schlösser als für die Fahrräder selbst aus. Wenn ein Fahrrad gestohlen ist, wird der Verlust des Schlosses am meisten beklagt. Ein Ersatzfahrrad beschafft man sich sehr leicht – man geht einfach auf eine Gruppe von Radfahrern zu und ruft in überzeugendem Ton: »Das ist *mein* Fahrrad!« Einer wird bestimmt absteigen und davonlaufen.

Gefängnisse

Strafgefangene, die in griechischen Verliesen schmachten oder in britische Zellen eingepfercht sind, träumen von holländischen Gefängnissen. Nicht genug, daß es auch dort Kabelanschlüsse gibt, es ist Eheleuten auch erlaubt, ihre ehelichen Beziehungen aufrechtzuhalten, und darüber hinaus gibt es noch eine Reihe anderer günstiger Haftbedingungen. Holländische Gefangene sollen sich sogar darüber beschwert haben, daß die Wärter unfreundlich und das Essen zu fett ist.

Die holländischen Gefängnisse sind so beliebt, daß potentielle Anwärter sich auf Listen für bestimmte Zellen vormerken lassen. Wenn jemand nicht eine besonders ruchlose Tat begangen hat, wird er zur Ableistung allgemeiner sozialer Dienste verurteilt. Sollte aber eine Haftstrafe unumgänglich sein, erhalten die Verurteilten ein Stück Papier, das sie – ähnlich einem Warteticket in der Post – auf eine Warteliste für die nächste verfügbare Zelle setzt.

Geschäfts- & Arbeitsleben

Die Holländer sind die Erfinder der multinationalen Unternehmen. Die Ostindische Kompanie war zwei Jahrhunderte lang die größte und machtvollste Handelsorganisation auf der Welt. Heute beschäftigen Philips, Unilever und Royal Dutch Shell zusammen mit zwei anderen Gesellschaften, die nicht bekannt sind, etwa ein Viertel der Arbeitnehmer in den Niederlanden. Dies ist den Holländern aber nicht genug. Sie exportieren Manager im wahrsten Sinne des Wortes, die bei ausländischen multinationalen Gesellschaften die Kontrolle übernehmen sollen. Ihr Sprach- und Verhandlungsgeschick sowie die Fähigkeit, über eine starke Budgetlenkung ein wirkungsvolles Kontrollsystem aufzubauen (also die altehrwürdige holländische Begabung, den Daumen auf dem Geldbeutel zu halten), katapultiert sie innerhalb kürzester Zeit an die Spitze eines jeden Unternehmens.

Die einst machtvolle holländische Seehandelsflotte mußte weitgehend riesigen Luftfrachtjumbos und einer unüberschaubaren LKW-Flotte weichen. 40 % des europäischen Lastkraftverkehrs liegt in holländischer Hand. Ganz im Geiste ihrer handelstüchtigen Vorväter bleiben sie geschickte Mittelsleute, und verteilen das, was die einen herstellen, dorthin, wo es mit hübschem Gewinn verkauft werden kann. Sie importieren beispielsweise Chemikalien, machen daraus Düngemittel, nutzen das Erdgas als einzigen natürlichen Rohstoff, um riesige Gewächshäuser zu beheizen und beliefern die Märkte Europas mit Tomaten, Gurken, Tulpen, Nelken, Fresien und vielem mehr. Über 60% der Schnittblumen der Welt und 50% aller Topfpflanzen werden in den gigantischen holländischen Auktionshäusern versteigert, selbst wenn sie nicht alle in Holland gezüchtet wurden. Die Holländer haben eine solch gesicherte Marktposition, daß Gemüsebauern oder Großgärtnereien ihre Produkte nach Holland schicken, damit sie dort zu den besten Preisen verkauft werden. Der Blumen- oder Gemüsehändler um die Ecke verkauft aus Holland reimportiertes Grünzeug!

Holländische Offenheit heißt eben auch offene Märkte. Regularien und Restriktionen sind schlecht fürs Geschäft. Der Geldmarkt bildet da keine Ausnahme. Vor einigen Jahrhunderten war die Amsterdamer Wechselbank die größte Geschäftsbank der Welt. Ausländische Monarchen nahmen dort Kredite auf, um ihre Kriege zu finanzieren oder etwas für die Zeiten zur Seite zu legen, in denen sie ihrer Machtposition enthoben werden sollten. Heutzutage hängt der holländische Gulden offiziell an der deutschen Mark. Diese Verbindung macht ihn zu einer der stärksten Währungen in Europa, und wieder einmal werden zahlreiche ausländische Investoren angezogen.

Die holländische Genügsamkeit ist im Geschäftsleben ebenso zu finden wie im Privatleben. Ein Geschäftsmann, der an luxuriöse Essenseinladungen auf Spesen gewöhnt ist, wird in den Niederlanden bitter enttäuscht sein. Alles, was über eine Tasse Kaffee und ein Käse-*broodje* hinausgeht, wird mit einem Stirnrunzeln quittiert und als Extravaganz und Zeitverschwendung abgetan. Geschäft ist Geschäft und keine Gefälligkeit. Im selben Sinne wirken sogar die Büros sehr bescheiden bis hin zur Mönchsklause, und selbst die Briefköpfe und Logos sind entsprechend unauffällig.

Vorgesetzte & Untergebene

Das Schlüsselwort in jeder holländischen Firma ist Teamarbeit. Wie die meisten Schlüsselworte in der holländischen Geschäftssprache ist auch dieses dem Englischen entliehen. Die holländischen Firmenstrukturen sind ebenso wie die holländische Landschaft eher horizontal als vertikal ausgerichtet. Kooperation, Verhandlungsbereitschaft und Konsens sind die Triebfedern des holländischen Geschäftslebens. Das Resultat sind endlose Meetings.

Ähnlich wie in den Kaffeehäusern sitzt man bei dem Meeting in nicht enden wollenden Debatten zusammen. Im Gegensatz zu einer zwanglosen Unterhaltung dort müssen die Diskussionspartner eines Meetings ihre Meinungen mit wohlüberlegten Argumenten und gut recherchierten Fakten untermauern. Dies gibt ihnen das Selbstvertrauen, ihre Meinung energisch und resolut vorzubringen, was von ausländischen Geschäftspartnern oftmals als abschreckend empfunden wird. Im Endeffekt kommt das holländische Geschäftsleben aber auch nicht ohne Geben und Nehmen aus. Das Ziel eines solchen Treffens soll aber stets darin bestehen, eine gemeinsame Entscheidung herbeizuführen, mit der alle Beteiligten leben können. Das Ausbooten einer Minderheit steht in der Regel niemals im Vordergrund. Wer diesen Arbeitsstil nicht gewöhnt ist, kann schon hin und wieder blutend auf der Strecke bleiben.

Eine streng hierarchische Unternehmensstruktur widerspricht dem Grundgedanken des Teamgeistes und paßt nicht in das holländische Idealbild einer egalitären Gesellschaft. Jeder – von der Putzkolonne bis zum Direktorium – ist in einem Unternehmen ein *medewerker*, ein Mitarbeiter. Wer in einem holländischen Unternehmen Leitungsfunktionen wahrzunehmen hat, wird als »Koordinator« bezeichnet, um ein Über-/Unterordnungsverhältnis noch nicht einmal begrifflich festzuschreiben. Obwohl Chefs in der Regel mit »*U*« (»Sie«) angesprochen werden, werden er – oder sie – sich hüten, Befehle herumzubellen. Sie alle sind Meister in der Kunst, Anweisungen zu erteilen, die sich wie eine freundliche Aufforderung anhören. In den Niederlanden sind die wichtigen Chefs in der Überzahl männlich. Auch wenn heutzutage Frauen als gleichberechtigte Mitglieder in einem Team oder als Koordinatoren akzeptiert werden, gibt es doch nur eine Handvoll Frauen in den obersten Chefetagen.

Ein-Mann-Shows oder das Prahlen mit individuellen Fähigkeiten wirken auf andere Teamkollegen abschreckend und tragen keinesfalls dazu bei, den eigenen Aufstieg zu beschleunigen. Den kann man sich nur durch harte Arbeit verdienen, durch einen ausgewogenen Gemeinschaftsgeist und eine gute Erziehung und Ausbildung.

Im Grunde stellen bereits die Entscheidungen, die zu Beginn der weiterführenden Schule getroffen werden, die Weichen für das gesamte weitere berufliche Leben eines Menschen. Nur wenige wechseln vom Fließband in die Buchhaltung, und noch weniger schaffen es von dort in die Vorstandsetage.

Trotzdem halten die Holländer »Ehrgeiz« für das zweitwichtigste Kriterium (hinter harter Arbeit und vor einer guten Ausbildung), um es im Leben zu etwas zu bringen. Offenes Zurschaustellen der eigenen Überlegenheit gilt als unakzeptabel, aber die Zugehörigkeit zu Seilschaften und Geschiebe hinter den Kulissen sind hierzulande so unvermeidbar, undurchschaubar und unter Umständen erfolgversprechend wie anderswo auch.

Subtile Merkmale kennzeichnen den Erfolg beziehungsweise den Aufstieg eines Menschen. Üblicherweise gibt es keine Kleiderordnung, nichts spricht gegen ein legeres Outfit: Jeans und ein offenes Hemd sind eine durchaus akzeptable männliche Bürokleidung. Dunkle Anzüge sind alleine dem Topmanagement vorbehalten. Jeans kombiniert mit einem Jackett und einer Krawatte dokumentieren den Beginn einer Karriere. Als nächstes werden die Jeans gegen eine anständige Hose ausgetauscht. Diese Signale durch die Kleidung werden unauffällig kontrolliert und registriert. Wer sich nicht entsprechend seiner gegenwärtigen beruflichen Situation kleidet, verstößt gegen den wohlverstandenen Teamgeist.

Obwohl sich in den feinen Unterschieden zwischen Arbeitern und Management auch in Holland Züge einer Klassengesellschaft abzeichnen, ist das Verhältnis zwischen Arbeitgebern und Arbeitnehmern gut. Verhandlungen zwischen den Gewerkschaften und den Arbeitgebern werden nicht kontrovers geführt. Das Gesetz – und nicht nur der Teamgeist – fordert, daß in Unternehmen mit mehr als fünfunddreißig Beschäftigten ein *ondernemingsrad*, eine Art Betriebsrat gewählt wird, der bei allen grundlegenden, das Unternehmen betreffenden Entscheidungen ebenso wie bei jeder Personalentscheidung zu beteiligen ist. Selbst in kleineren Betrieben dürfen die Beschäftigten zweimal im Jahr eine Betriebsversammlung abhalten, in denen die Geschäftsleitung über Betriebsbelange befragt werden kann. Nach Arbeitsschluß verwischen alle möglicherweise doch bestehenden Unterschiede und die *medewerkers* ziehen glücklich in das nächste Café, wo aus *medewerkers med*-Trinker werden.

Sprache & Wörter

Wie geschickt die Holländer im Geschäftsleben auch sein mögen, sie haben es bisher noch nicht fertiggebracht, ihre Sprache zu exportieren. Das gutturale ›g‹ hat viele Sprachschüler argwöhnen lassen, daß die Holländer wohl alle an krankhaften Veränderungen ihrer Stimmbänder litten. Ebenso wollen ihre Lippen sich einfach nicht korrekt um das ›ui‹ formen. Die Engländer bezeichnen alles, was ihnen zu kompliziert vorkommt als »Double Dutch«. Van Gogh kannte diese Probleme nur zu gut, die andere Nationalitäten mit der Aussprache seines Namens hatten und signierte seine Bilder nur mit »Vincent«. Er hoffte, daß Galeristen seinen Vornamen besser als seinen Nachnamen aussprechen könnten.

Auf der anderen Seite hatten die Holländer niemals Probleme damit, Wörter aus anderen Sprachen in ihre eigene zu integrieren. In Holland legt jeder seine Arbeit zum Weekend nieder, entschuldigt sich mit »Sorry«, wenn man in der Straßenbahn aneinander stößt und labt sich an *jus d' orange*. Die Holländer sind dafür berühmt, Fremdsprachen leicht und schnell zu erlernen. Selbst wenn sie mit einer Sprache ganz gut zurecht kommen, gelingt es ihnen noch, sich zu verbessern und ihre Fehler auszumerzen.

Hin und wieder haben die Holländer aus dem schweren Zugang zu ihrer Sprache einen Vorteil ziehen können. Als Napoleon beispielsweise die Niederlande besetzte, befahl er den Niederländern Familiennamen anzunehmen. Dies war ihnen niemals zuvor in den Sinn gekommen. In der Annahme, daß dies eine vorübergehende Maßnahme sei und in der Hoffnung, daß der Eindringling sich bald wieder zurückziehe und sie ihre alte Lebensweise wieder aufnehmen könnten, dachten sich die Niederländer recht sonderbare Nachnamen aus, damit sie sich stets auf Kosten der ahnungslosen Besatzungsmacht amüsieren konnten. Diese Scherze erwiesen sich aber als Bumerang. Noch heute sind Familien mit Namen wie *Naaktgeboren* (Nacktgeboren), *Hoogenboezem* (Hochbusig), *Poepjens* (die Nase rümpfen), oder einem Zungenbrecher auch für niederländische Zungen wie *Gigengak* gestraft.

Abwandlungen des Niederländischen werden in Belgien gesprochen. Dort wird es Flämisch (*Vlaams*) genannt, bei den Nachkommen der Buren in Südafrika heißt es *Afrikaans*. Auch wenn die Holländer über die Belgier schamlos Witze reißen, beneiden sie sie um das sanfte, melodische Timbre ihres *Vlaams*. Wenn ein durchschnittlicher Holländer hingegen *Afrikaans* hört, bekommt er Lachanfälle, weil es in seinen Ohren etwas archaisch klingt, so ungefähr wie Babygebrabbel.

Das Holländische und das Deutsche haben einen gemeinsamen Ursprung, obwohl dem Niederländischen der teutonische Anstrich und die Zackigkeit fehlt. Es ist im

Gegensatz zum Deutschen eine angenehmere, behaglichere und etwas verschwommenere Sprache, die aus dem Morast und den Poldern an der Küste hervorgegurgelt zu sein scheint – alles in allem eine *gezellige* Sprache. Holländer fügen an jeden in ihren Ohren hart erscheinenden Wortausgang ein verkleinerndes *tje* oder *je* an. Daher wird man im Café um die Ecke eher ein *pilsje* als ein Pils bestellen, und Geldautomaten fordern die Kunden auf, ihr *pasje* einzuführen.

Freunde und Familienmitglieder erfahren dieselbe Behandlung. Man kann sich nichts *gezelligeres* vorstellen als sich mit Tantje Truusje zu einem *kopje koffie* zusammenzusetzen.

»...Pauschal«

In der Übersetzung von Oliver Koch

Paul Bilton
Die Schweizer
pauschal
Band 13492

Rodney Bolt
Die Holländer
pauschal
Band 13494

Stephanie Faul
Die Amerikaner
pauschal
Band 13391

Ken Hunt
Die Australier
pauschal
Band 13491

Louis James
Die Österreicher
pauschal
Band 13392

Drew Launy
Die Spanier
pauschal
Band 13396

Antony Miall
Die Engländer
pauschal
Band 13493

Martin Solly
Die Italiener
pauschal
Band 13395

Nick Yapp/
Michel Syrett
Die Franzosen
pauschal
Band 13393

Stefan Zeidenitz/
Ben Barkow
Die Deutschen
pauschal
Band 13394

Pflegen Sie Ihre Vorurteile!

Niemand bekennt sich zu ihnen und doch haben wir sie alle:
Pauschalurteile regeln nun einmal den Kontakt mit Nachbarn
wie mit Fremden überhaupt. Auch wenn sie falsch sind, manchmal findet sich dennoch das berühmte Körnchen Wahrheit in
dem, was wir über andere Völker zu wissen meinen.

Fischer Taschenbuch Verlag

Die Niederlande erzählen

15 Erzählungen

Herausgegeben und mit einem Nachwort
von Frans Carel de Rover

Band 11411

Niederländische Autoren teilen mit Kollegen aus anderen Ländern, in denen Sprachen gesprochen werden, die nur wenig ver-
breitet sind, dasselbe Schicksal – sie können sich über die Sprach-
grenzen ihres Landes hinaus kaum durchsetzen. Deutsche Leser wissen viel zu wenig über den Stand der Literatur in ihrem
Nachbarland. Der an der Berliner Freien Universität tätige Frans
de Rover hat eine Anthologie zusammengestellt, die einige Kennt-
nislücken auffüllt. Die meisten Beiträge sind erstmals nach 1945
erschienen. Die früheren Arbeiten beschäftigen sich mit Krieg,
Nachkrieg und der kolonialen Vergangenheit der Niederlande,
die jüngeren stehen im Kontext der internationalen, zumal ang-
loamerikanischen Entwicklung. Gar nicht überraschend, sind in
den unmittelbar nach dem Krieg entstandenen Erzählungen Einflüsse des Existentialismus wahrnehmbar. In der niederländischen Literatur hat weniger die große Form des Romans als vielmehr die Erzählung Tradition. So gesehen, ist diese knappe Auswahl
durchaus repräsentativ für die jüngsten Jahrzehnte.

Fischer Taschenbuch Verlag

Märchen der Welt
Ländermärchen

Arabische Märchen
Herausgegeben von Ursula Assaf-Nowak
Band 2892

Afrikanische Märchen
Herausgegeben von Friedrich Becker
Band 2890

Märchen aus Andalusien
Herausgegeben von Frederik Hetmann
Band 12556

Märchen der australischen Ureinwohner
Herausgegeben von Herbert Boltz
Band 13367

Balkan-Märchen
Herausgegeben von Leander Petzoldt
Band 12744

Märchen aus dem Baltikum
Herausgegeben von Jochen D. Range
Band 13295

Chinesische Märchen
Herausgegeben von Josef Guter
Band 2895

Märchen aus England
Herausgegeben von Frederik Hetmann
Band 10686

Französische Märchen
Herausgegeben von Marlies Hörger
Band 10465

Märchen aus Griechenland
Herausgegeben von Constance Ott-Koptschalijski
Band 11527

Irische Märchen
Herausgegeben von Frederik Hetmann
Band 2897

Fischer Taschenbuch Verlag

Die Welt erzählt

Argentinien erzählt
Herausgegeben von
Enrique Foffani
Band 11091

Berlin erzählt
Herausgegeben von
Uwe Wittstock
Band 10925

Brasilien erzählt
Herausgegeben
von Ines Koebel
Band 12077

China erzählt
Herausgegeben von
Andreas Donath
Band 9575

Deutschland erzählt
Herausgegeben von
Benno von Wiese
Vier Bände:
Von Johann Wolfgang von Goethe bis Ludwig Tieck
Band 10982
Von Georg Büchner bis Gerhart Hauptmann
Band 10983
Von Arthur Schnitzler bis Uwe Johnson
Band 10984
Von Rainer Maria Rilke bis Peter Handke
Band 10985

Dänemark erzählt
Herausgegeben von
Ulrich Sonnenberg
Band 10298

England erzählt
Herausgegeben
von Joachim Kalka
Band 11177

Frankreich erzählt
Herausgegeben
von Stefana Sabin
Band 9286

Irland erzählt
Herausgegeben von
Michael Krieger
Band 13180

Fischer Taschenbuch Verlag

Die Welt erzählt

Japan erzählt
Herausgegeben
von Margarete und
Diana Donath
Band 10162

**Kalifornien
erzählt**
Herausgegeben
von Stefana Sabin
Band 11652

Kanada erzählt
Herausgegeben
von Stefana Sabin
Band 10930

Moskau erzählt
Herausgegeben von
Christoph Keller
Band 11659

New York erzählt
Herausgegeben
von Stefana Sabin
Band 10174

**Die Niederlande
erzählen**
Herausgegeben von
Frans de Rover
Band 11411

Nordafrika erzählt
Herausgegeben
von Widulind
Clerc-Erle
Band 9285

Österreich erzählt
Herausgegeben
von Jutta Freund
Band 9283

Prag erzählt
Herausgegeben
von Peter Sacher
Band 11799

Rumänien erzählt
Herausgegeben
von Stefana Sabin
Band 10534

Spanien erzählt
Herausgegeben
von Chr. Strosetzki
Band 10706

Die Türkei erzählt
Herausgegeben
von Jutta Freund
Band 9576

Wien erzählt
Herausgegeben
von Jutta Freund
Band 12732

Fischer Taschenbuch Verlag

fi 777 / 8 b